운제 아리랑

부메아리랑

지은이 | 정순성
펴낸이 | 원성삼
표지 및 본문 디자인 | 안은숙
제자(題字) | 다림 정순성
펴낸곳 | 예영커뮤니케이션
초판 1쇄 발행 | 2022년 12월 24일
등록일 | 1992년 3월 1일 제2–1349호
주소 | 03128 서울시 종로구 대학로3길 29, 313호 (연지동, 한국교회100주년기념관)
전화 | (02) 766–8931
팩스 | (02) 766–8934
이메일 | jeyoung@chol.com
ISBN 979–11–89887–57–5 (03230)

값 19,000원

 모든 인간은 하나님의 형상을 닮은 존귀한 존재입니다. 사람은 인종, 민족, 피부색,
문화, 언어에 관계없이 모두 다 존귀합니다. 예영커뮤니케이션은 이러한 정신에 근
거해 모든 인간이 존귀한 삶을 사는 데 필요한 지식과 문화를 예수 그리스도의 사랑으로 보급
함으로써 우리가 속한 사회에 기여하고자 합니다.

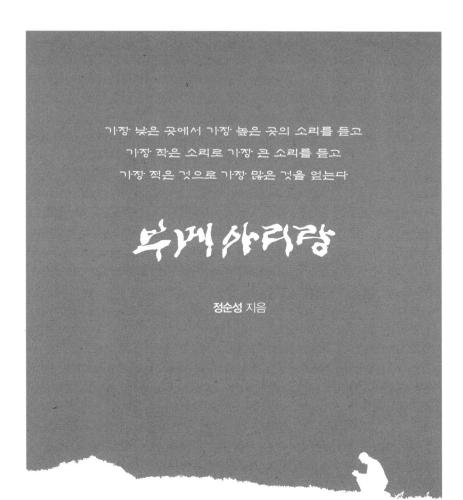

가장 낮은 곳에서 가장 높은 곳의 소리를 듣고
가장 작은 소리로 가장 큰 소리를 듣고
가장 적은 것으로 가장 많은 것을 얻는다

부께 사리랑

정순성 지음

예영

무화과나무 아래로

손 은 탁

남대문교회 담임목사
철학박사(동양철학), 신학박사(선교신학)

예수님은 자기에게로 나아오는 나다나엘을 보시고 말씀하십니다.

"보라 이는 참으로 이스라엘 사람이라. 그 속에 간사한 것이 없도다."

나다나엘이 놀라서 묻습니다.

"어떻게 나를 아시나이까?"

"빌립이 너를 부르기 전에 네가 무화과나무 아래에 있을 때에 보았노라."

요한복음 1장 47절 이하에 나오는 예수님과 나다나엘의 대화입니다. 예수님을 처음 대면하는 나다나엘이지만 예수님은 나다나엘이 가지고 있는 자기만의 기도처를 알고 계셨습니다. 주님은 지금 나다나엘과 하나님만 아는 무화과나무 아래의 비밀을 말씀하신 것입니다.

저자는 나다나엘과 같은 사람입니다. 주님과 만남의 장소, 곧 그만의 골방을 가진 신앙인입니다. 대학 시절부터 함께 사귀어 온 지 50년 지기인 추천자도 불의와 타협하지 않고 오직 하나님만 바라보며 살아온 순수한 사람인 그를 통하여 많은 것을 배우고 깨달았습니다.

30년 가까운 세월을 대표 기도가 있는 주일 예배를 인도해 온 사람이지만 저자의 기도문을 읽는 순간 적이 놀랐습니다. 사람에게 보이기 위하여 꾸민 것이 아니라 오직 하나님께만, 있는 그대로를 아뢰는 진솔한 기도였습니다. 간절함이 스며 있고 갈급한 마음이 녹아 있습니다. 하나님을 사랑하고, 교회를 사랑하고, 성도들을 사랑하며, 나라를 사랑하는 신앙인이 되게 해 달라고 하나님과 대화하듯 간절하게 호소하고 있습니다. 우리는 정말 이렇게 기도해야 합니다.

디지털, 인공 지능, 과학 만능을 이야기하다가 코로나바이러스 앞에 꼼짝 못하고 당하고 있는 지금, 무화과나무 아래 은밀한 곳에서 밤낮으로 노심초사하며 준비하여 교우들 앞에서 대표로 기도했던 것을 우리가 모두 공유하게 되었습니다. 적절한 시기에 꼭 필요한 책을 펴냈습니다.

성도와 교회와 나라 사랑하는 마음이 절절한 이 기도에 우리도 동참하기를 원합니다. 지금 바로 여기에서 함께 읽으며 기도하자는 것입니다. 필자 한 사람만의 기도가 아니라 우리 모두의 간구가 되어야 하므로 이 책을 조금도 망설이지 않고 적극 추천합니다.

신자든 비신자든 누구나 다 읽었으면 합니다. 특히 모든 믿음의 사람들은 이 기도문을 읽으면서 함께 기도하기를 거듭 부탁드립니다. 지금은 저자의 『부메아리랑』을 들고 부메랑처럼, 메아리처럼 반드시 돌아올 놀라운 하나님의 응답을 굳게 믿으며 나다나엘처럼 자신만의 무화과나무 아래로 나아가야만 할 때입니다.

기도

정 순 성

난폭한 바람 앞에 서고
사나운 파도 위에 누워
하늘 심장의 고동을 듣다.

형편을 꺼내 아뢰며
심해(心海)에 얽힌
실타래를 풀어 올린다.

신령한 대면으로
창천(蒼天)의 응답이
탯줄을 타고 내려온다.

하늘 문턱을 넘는 들숨 날숨
눈물이 뒤로 숨고
한숨이 아래로 비낀다.

가장 낮은 곳에서
가장 높은 곳의 소리를 듣고

가장 작은 소리로
가장 큰 소리를 듣고

가장 적은 것으로
가장 많은 것을 얻는다.

빛으로 돌아와
눈에 보이고
손에 잡히고

알래스카 빙하의 땅에도
임계점을 넘어
새 생명이 태동한다.

– 함월산(含月山) "왕의 길"에서

| 목 차 |

비둘기가 물고 온
희망의 잎사귀

죽은 위인이나 공허한 이념이 아닌 언제나 역사하시는 하나님께 영광을 돌리며 값없이 주신 구속의 은혜에 감사 찬송합니다.

하나님께 지은 죄에 대한 회개의 열매와 베풀어 주신 은혜에 대한 감사의 열매로 예배를 드리게 하옵소서.

오늘의 예배를 통해서 하나님의 영광을 보게 하시고, 그의 영광을 온 누리에 선포하고 전파하게 하옵소서.

현충일을 맞아 나라를 위해 희생한 순국선열과 국군장병들의 넋을 위로하고 충절을 기리는 주일이 되게 하옵소서.

조국 이스라엘과 예루살렘을 사랑하셨던 애국자 예수님을 본받아 우리도 나라를 사랑하는 신앙인이 되게 하옵소서.

귀하게 쓰시는 주의 사자를 통해 본문이 살아 있고, 청중을 살리는 설교, 말씀의 능력이 나타나고 사람보다 주님을 감동하게 하는 설교가 되게 하옵소서.

우울하고 어두운 소식이 넘쳐나며 힘들고 암울한 시대에 연제제일교회 강단의 소리가 교우들과 주민들에게 복된 소리가 되게 하옵소서.

온통 홍수로 넘실대는 절망의 세상에 비둘기가 물고 온 감람나무 잎사귀처럼 인생의 홍수를 만나 삶이 위기에 놓인 교우들에게 희망의 잎사귀를 보내 주옵소서.

지나간 삶이 비록 만족스럽지 못하더라도 실패가 디딤돌이 되어 굳세게 일어서고, 가정마다 치료하고 회복하는 하나님의 손길이 임하시기를 기도합니다.

고난을 통해 받는 은혜가 고귀하고 은혜로 받는 고난이 보배로운 것임을 깨닫고 은혜에도 고난에도 주님만 찬송하는 신앙인이 되게 하옵소서.

다음 세대들이 세상 문화에 오염되어 여호와를 모른다 하고 다른 세대로 변질되지 않도록 철저한 신앙 교육으로 단련하여 정금이 되게 하옵소서.

창립 주일을 맞아 묵은 냄새 나는 낡은 교회가 아니라 주님이 원하셨던 바로 그 교회로 돌아가 믿음과 사랑으로 하나 되고 그리스도의 향기로 가득한 교회가 되게 하옵소서.

세상으로부터 받은 상처를 치유하고 위로와 기쁨을 나누는 사랑의 공동체가 되게 하옵소서.

어린 성도들을 사랑으로 돌보며, 가난하고 외롭고 아픈 이들을 품으며, 장애가 있는 사람들도 눈치 보지 않고 편하게 정착할 수 있는 교회가 되게 하옵소서.

주님께서 세상에 던지신 불이 활활 타올라 모든 증오와 죄악을 소각하고 수많은 사람이 구원받도록 이 땅의 교회들이 마른 장작이 되게 하옵소서.

교회의 연합과 일치가 모든 교회에 주어진 당면 과제입니다. 교회의 분열과 분파주의, 교권주의와 권위주의를 회개하고 기독교가 하나 되어 하나님께 영광 돌리게 하옵소서.

신사참배를 결의한 후 조금 전까지 찬송하고 기도하던 그 입과 손을 씻고 옷깃을 여미며 신사를 참배하여 하나님 앞에 우상 숭배한 죄로 남북이 갈라졌습니까?

민족이 원수처럼 지내는 이 형벌에 대한 우리의 회개가 아직도 하늘에 닿지 않았습니까? 온 민족이 뼈를 깎는 통회 자복으로 평화 통일의 자비를 베풀어 주옵소서.

예수님은 주기도문에서 내가 아니라 우리를 여섯 번이나 언급하셨듯이 가르고 쪼개고 원수 삼는 일을 끝내고 나와 네가, 여와 야가, 남과 북이 우리가 되게 해 주옵소서.

그동안 건강한 교회를 만들기 위해 자기 십자가를 지지 못하였음을 회개하오며 예수 그리스도 이름으로 기도드립니다. 아멘.

(2021. 6. 6. 주일예배)

Prayer / 02 /

생명의 빚
양육의 빚

우리에게 베풀어 주신 그 너비와 길이와 높이와 깊이를 알 수 없는, 한량 없는 하나님의 사랑에 감사와 영광을 돌립니다.

우리는 하나님께서 사랑하시는 귀한 자녀로서의 삶이 때로는 사회의 귀 감이 되지 못한 것을 회개합니다.

우리의 기도가 하나님의 능력을 붙드는 손이 되고 하나님의 은혜가 임하 는 통로가 되게 하옵소서.

"다 이루었다"고 선포하신 예수님을 전적으로 사랑하고 의지하여 우리의 언행이 아버지의 이름을 욕되게 하지 않게 하옵소서.

어버이 주일을 맞아 우리는 평생 생명의 빚, 양육의 빚을 진 자녀들로서 하나님의 절대명령이자 그림자인 부모를 진심으로 공경하고 봉양하고 고 귀하게 여기며 천국으로 인도하는 자녀들이 되게 하옵소서.

생업에 바쁘고 지친 중에도 주일 예배를 통해 사모하던 말씀의 은혜를 받아 영육 간에 강건하게 하시고 예배 순서마다 기쁨과 감동이 있게 하옵소서.

뼈와 살이 녹아내릴 것같이 아파도 누구에게 하소연할 수도 없어 혼자 끙끙 앓다가 주님께 왔으니 치유와 회복의 자비를 베풀어 주옵소서.

하나님의 말씀을 강론하는 중에 성령이 뜨겁게 역사하여 통회 자복하게 하시고 인성과 생활에 큰 변화가 일어나게 하옵소서.

조심스럽고 외로운 자리에서 가슴 졸이며 말 없는 수고와 헌신으로 목회의 부족한 부분을 채워가는 본 교회 사모들의 기도에 응답하시고 하나님의 크신 위로와 평강이 있기를 원합니다.

우리에게 사랑이 마르지 않도록, 그 사랑으로 애통해하는 자들을 껴안을 수 있도록 주님의 십자가 사랑을 배우고 몸소 실천하게 하옵소서.

하나님께서 맡겨 주신 우리의 직분을 겸손과 온유와 오래 참음과 사랑으로 감당하게 하옵소서.

교회 안에서 세대가 사라지고 있는 것이 가장 큰 위기입니다. 세대 단절이 없도록 부모가 철저한 신앙의 가정 교사가 되게 하옵소서.

나이가 들면서 내 중심, 내 방식의 완고한 노인이 되지 말고 늙어 가는 현실에 적응하게 하시고 보람 있는 일을 찾아 활동하게 하시고 노인이 아닌 시대의 어른으로 살아가게 하옵소서.

어린 생명을 학대, 죽게 하거나 살인, 자살하는 생명 경시 현상이 만연하고 있습니다. 생명 경시의 위기에 놓인 사람들에게 구원줄을 던지고, 생명의 존중과 삶의 의욕을 회복할 수 있는 곳이 주님의 교회가 되기를 간절히 소원합니다.

하나님께서 만드시고 세상의 마지막까지 함께할 공동체가 가정과 교회입니다. 가정이 무너지고 아파하는 이 시대에 교회가 가정을 건강하게 회복시키는 치유의 집이 되게 하옵소서.

오직 북한과의 대화, 협력만을 고수하여 우리는 지금 예측할 수 없는 초유의 안보 불안 상황에 놓여 있습니다. 주께서 이 나라를 지켜주옵소서.

　불을 던지려고 이 세상에 오신 예수님, 거룩한 불, 성령의 불길이 번져 가는 곳마다 죄와 미움, 질병과 죽음, 온갖 더러운 것들을 깨끗이 태워 영원한 생명 나라가 열리게 하옵소서.

　온 국민이 여호와를 사랑하고 그의 명령을 청종하여 섬김으로 감염병으로 황무해진 이 땅에 이른 비, 늦은 비를 적당한 때에 내려 주시기를 간절히 빌고 원하오며 예수 그리스도 이름으로 기도드립니다. 아멘.

(2021. 5. 9. 주일예배)

치료하는
양약

하나님과 원수 되었던 우리를 아빠 아버지라고 부르게 하신 하나님께 감사 찬송합니다.

주님은 사랑의 표상이고 율법은 사랑으로 주어졌으며 교회는 사랑이 가득한 공동체여야 하는데도 사랑이 부족한 죄를 용서하옵소서.

주님은 행위가 죽은 사데 교회를 향해 회개하라고 하셨듯이 행함이 없는 오늘의 한국 교회를 향해 회개하라고 꾸짖으십니다. 우리의 진정한 회개로 지구촌이 구원받아 감염병으로부터 자유롭게 하옵소서.

비록 누추하지만, 이 성전에도 하나님의 영이 임하시고 예배를 통해서 영광을 받으시옵소서.

경건한 삶의 예배를 통해 하나님께 영광을 돌리고, 소그룹 모임을 통해 오이코스를 전도하고, 양육훈련을 통해 교회를 변화시킬 헌신자들이 양성되기를 원합니다.

주를 위해 자기 십자가를 지고 헌신, 희생하는 생명 사역으로 인해 받은 수고와 고난이 기쁨과 능력으로 바뀌게 하옵소서.

오늘도 주의 종의 강론을 통하여 하늘로부터 살아 있는 불이 내려와 제단을 태우고 영혼을 살리는 영성 있는 설교가 되게 하옵소서.

40년 광야 생활 중에 이스라엘 민족의 죽음을 불렀던 불평과 원망의 삶 대신에 감사와 찬양의 삶을 살아 감사와 찬양이 우리를 치료하는 양약이 되게 하옵소서.

삶이 힘들고 고단하거나 억울하고 원망스러워도 구원의 하나님으로 말미암아 위로를 받고 소망을 얻고 기쁨으로 신앙생활을 하기 원합니다.

이 땅에서 부유하게 사는 것이 목적이 아니라 영성이 풍부한 삶을 살아 죽음의 문턱, 그 두려움의 시간에도 기쁜 마음으로 임종을 맞이할 수 있는 부활의 신앙인이 되게 하옵소서.

지역 복음화의 전초 기지가 되고 다음 세대의 희망찬 함박웃음이 가득한 교회가 되게 하옵소서.

진리의 말씀이 그리워, 따뜻한 사랑이 그리워, 진정한 위로가 그리워, 돌아갈 본향이 그리워서 찾아오는 교회가 되게 하옵소서.

하나님을 높이는 예배 공동체, 세상을 더불어 사는 관계 공동체가 되게 하옵소서.

대학 청년부 사역이 순교지가 되지 않도록 전도의 문을 열어 주시고 담당 교역자들에게 사명의 은혜를 베풀어 주옵소서.

군 복무 중인 우리 교회 청년들과 이 나라 젊은이들의 안전을 지켜주시고 군 선교가 원활하게 이루어져 한국군이 교회와 국가와 민족을 지키는 십자가 군병들이 되게 하옵소서.

수많은 개혁자의 헌신과 수고의 점, 그다음 우리의 개혁에 대한 희생과 노력의 점들이 모여 선이 되고 그 선들이 모여 개혁 신앙의 넓은 면인 만세 반석으로 완성되길 원합니다.

불의와 불공정, 부정과 이기심이 사회를 병들게 하고 있습니다. 위정자들이 진심으로 국가의 장래를 걱정하고 국민을 섬기며 공정과 정의가 제자리를 찾게 하옵소서.

나랏빚이 눈덩이처럼 늘어나고, 경제 활동이 위축되고, 도산이 속출하고, 실업자는 급증하여 생존의 위협을 겪고 있습니다. 모든 것이 정상으로 회복되기를 빌고 원하오며 예수 그리스도 이름으로 기도드립니다. 아멘.

(2021. 4. 11. 주일예배)

Prayer / 04 /

땅끝에서
반짝이는 별

자비로우신 하나님, 죄를 측량하는 계량기가 있다면 하나님의 뜻과 계명대로 살지 못해 언제나 한도 초과로 측량 불가의 죄인임을 고백합니다.

죄가 없는 독생자 예수 그리스도를 버리시고, 측량 불가의 죄로 죽은 우리를 버리지 않으시고 구원한 놀라운 하나님의 은혜에 감사와 찬송과 영광을 돌립니다.

한국 교회가 여러 갈래로 쪼개지고, 나눔과 섬김이 부족하고, 불의에 침묵하고, 일본 신사를 참배하고, 하나님께만 영광 돌리지 못한 죄를 회개합니다.

세상 문화에 취해 다소 해이해졌던 예배가 감염병이란 비상 상황에서 드리는 그 어떤 형태의 예배든 결코 가볍게 여기지 말고 하나님을 신령과 진리로 예배하게 하옵소서.

우리를 죄에서 불러내어 영적인 가나안으로 인도해 가시는 주님, 지금 광야 같은 이 세상을 살아갈 때 내 발에 등이요 내 길에 빛이신 주의 말씀 따라 머물거나 떠나기를 원합니다.

살아 있는 생명의 말씀 한마디면 충분하오니 오늘도 은혜로운 강단이 되어 교우들과 우리의 자녀들을 살리는 말씀, 회복하는 말씀, 생명의 말씀을 주시옵소서.

사랑하는 백성들에게 끊임없이 두려워하지 말라고 말씀하시는 하나님, 일몰 후 땅거미처럼 밀려오는 생활고와 실패, 질병과 죽음의 두려움을 믿음으로 극복하길 원합니다.

감염병이 발생하지 않도록 교회와 성도들의 건강을 지켜주시고 코로나19보다 더 위험한 영적 바이러스를 경계하고 박멸하여 이단 사상, 세상 문화, 세상의 가치관에 물들지 않게 하옵소서.

우리가 하나님 나라를 위하여 일할 때 절대로 실망하지 말고 옥토에서 맺힐 신령한 열매를 믿음으로 바라보게 하옵소서.

보잘것없는 저희에게도 쓴 물이 단물이 되게 하여 이웃을 전도하고 변화시킬 수 있는 능력을 주옵소서.

천지 창조 때 하나님께서 인류를 향해 축복과 동시에 명령하신 생육하고 번성하는 교우들의 가정과 교회가 되게 하옵소서.

인습과 타성과 구태에서 벗어나 초대 교회의 사도적 가르침과 제자의 삶으로 돌아가 새롭게 변화하고 개혁하는 교회가 되게 하옵소서.

우리 교회가 성전에서 안식하는 어르신들의 만족한 미소를 보고, 성장해 가는 다음 세대의 희망찬 웃음소리를 듣고, 불신자들을 부르는 지역 복음화의 빛과 구원의 방주가 되길 원합니다.

초창기 한국 기독교가 민족적 위기를 극복할 수 있는 원동력이 되었고 조국 근대화에 절대적 역할을 했던 지난날의 위상과 신뢰를 되찾게 하옵소서.

선교지에서 추방당하기도 하고, 현지 사정으로 신변의 위협을 느끼며 온 갖 박해와 전염병의 어려운 여건 속에서도 신명을 다하는 선교사들의 노고가 땅끝에서 반짝이는 별이 되기를 원합니다.

광복 당시 2,800여 교회가 있었던 북녘땅에 흔적도 없이 훼파된 교회가 재건될 수 있도록 북한의 복음화와 평화 통일을 위해서 쉬지 않고 간구하게 하옵소서.

예수 그리스도 이름으로 기도드립니다. 아멘.

(2021. 3. 14. 주일예배)

Prayer / 05 /

복 중의
가장 큰 복

전지전능하신 하나님, 비록 미천하지만 저희의 예배와 존귀 영광과 찬송을 받으시옵소서.

일터와 가정에서 언행 불일치로 인한 우리의 잘못을 회개하고 예수님의 사랑과 복음만 전하는 은혜의 입술이 되게 하옵소서.

보고 싶은 가족도 마음대로 만날 수 없는 설날이었지만 가족애가 더욱 돈독해지게 하시고, 복음의 사명을 잘 감당하여 외로운 이웃들에게 따뜻한 정을 나누며 지역을 돌아보는 교회가 되게 하옵소서.

기독인들의 비도덕적인 삶으로, 더욱이 코로나의 확산이나 진원지로 지목되어 그 어느 때보다 교회가 날 선 비판을 받고 있습니다. 신행일치의 삶과 방역에 모범을 보여 절박한 소시민의 눈물을 닦아주고 바닥까지 추락한 신뢰를 회복하게 하옵소서.

세속주의와 인본주의의 강단을 성경 중심으로 바꾸고 교회 성장의 동력인 예배에 집중하여 전염병으로 느슨해진 신앙이 하루빨리 회복되기를 원합니다.

　오로지 영혼 구원에 전념하는 주의 사자에게 은혜를 베푸시어 목양 과정의 고충이 깊은 영성으로 이어져 하늘 문을 열어 주시고 하나님의 말씀과 권능과 영광이 임하여 능력 있는 목자가 되게 하옵소서.

　말씀으로 천지를 창조하시고 병든 자를 고치시는 하나님, 오늘도 하나님 자신이요 능력이신 생명의 말씀으로 우리의 몸과 마음을 깨끗하게 치유하여 주옵소서.

　예수님, 십자가에서 우리의 죄를 대속하고 구원하여 자녀가 되게 하였사오니 이제 믿는 자로서 자녀의 권세를 누리며 당당하게 살아가는 기독인이 되게 하옵소서.

　많은 그리스도인이 복을 기대하지만, 예수 믿는 그 자체가 복 중의 가장 큰 복임을 깨닫고 외양간에 소가 없을지라도 항상 기뻐하고 감사하는 신앙인이 되길 원합니다.

　우리는 하나님 앞에서 서로 죄인이며 하나님의 은혜가 아니면 누구도 구원에 이를 수 없기 때문에 서로 소통하고 공감하는 공동체가 되게 하옵소서.

　지금도 지구촌 곳곳에서 수많은 기독교인이 크고 작은 박해에 시달리고 있습니다. 목숨을 담보한 핍박에도 믿음이 흔들리지 않도록 그들을 지켜 보호하여 주옵소서.

　상처를 감싸주고 떡을 나누며 서로 격려하는 따뜻하고 너그러운 교회 같은 가정, 가정 같은 교회가 되기를 원합니다.

　세상은 정치, 경제, 사회, 국방, 환경 등 모든 영역에서 불안하고 불확실한 시대에 자기편이 아닌 오로지 국민을 위해 일하는 위정자들이 되게 하옵소서.

우리의 화합과 회복을 위해 의도적으로 갈등을 조장하기도 하시는 예수님, 이념 지역 계층 세대 간 갈등을 극복하고 서로 화합하게 하시어 지역을 깨우고 이 민족을 살려 주옵소서.

　　이제 지구의 땅끝이 되어버린 북한에 선교적 열망으로 복음이 스며들어 평화 통일이 이루어지게 하옵소서.

　　한국의 출산율은 세계에서 가장 낮아 사회와 교회 학교가 없어지고 있습니다. 우리 교회 어린 성도들과 특별히 다자녀 가정에 복을 내리시어 그리스도의 일꾼으로, 언약의 백성으로 훌륭하게 자라도록 이끌어 주옵소서.

　　예수 그리스도 이름으로 기도드립니다. 아멘.

(2021. 2. 14. 주일예배)

지상에서
마지막 설교

온갖 거짓과 폭력과 죄로 죽은 인간을 구속하여 주신 하나님, 인간의 한정된 언어로는 도저히 표현할 수 없는 주님의 사랑과 은혜에 감사와 영광을 돌립니다.

주님의 교회를 사유화하고 성공 지상주의와 물질주의에 빠지게 하고 교권 다툼으로 기독교가 여러 갈래로 분열되게 한 죄를 회개합니다.

지구촌에 몰아치고 있는 감염병 재앙과 환경 재앙이 끝나게 하시고, 인류가 십자가를 바라보고 창조주 하나님께 돌아오는 새해가 되게 하옵소서.

하나님의 긍휼로 택함을 받은 우리가 낮은 곳에서 고통당하는 이들의 이웃이 되어 그들을 섬기며 예수 사랑을 전하게 하옵소서.

우리의 꾸밈없는 간절한 기도가 불가능을 가능하게 하고 무능력자를 능력자로 만드는 원동력이 되게 하시며 하나님의 마음을 움직이는 문제 해결의 열쇠가 되게 하옵소서.

말씀을 대언할 때마다 오늘의 설교가 지상에서 외치는 마지막 설교라는 각오로, 어느 성도에게는 지상에서 듣는 마지막 설교가 될지도 모른다는 절박함으로 말씀을 준비하여 연제제일교회 강단을 살아 숨쉬게 하고 잠자는 영혼들을 깨워 주옵소서.

교회의 벽을 문으로 바꾸고 높은 문턱을 낮게 낮추어 구원자가 날마다 늘어나는 교회가 되기를 기도합니다.

열악한 환경에서 복음 전파에 헌신하는 선교사들과 개척 교회, 농어촌 교회 사역자들에게 희망과 결실이 있는 한 해가 되게 하옵소서.

우리가 파송한 이상종 선교사를 도우시어 인구 대부분이 불교 신자인 미얀마에 선교 거점을 구축하는데 한 알의 밀알이 되게 하옵소서.

우리가 한 번도 살아 본 적이 없는 새로운 시간을 주셨사오니 최선을 다해 선용하여 하나님의 기대에 맞게 성장하고 성숙하고 성화되기를 원합니다.

공예배 때마다 암송하는 사도신경이 입버릇이 아니라 우리의 진정한 믿음의 고백, 교회 공동체의 고백이 되어 세속주의와 이단으로부터 순수 신앙을 지키게 하옵소서.

이 땅의 새벽이슬 같은 어린이, 청소년, 젊은이들을 그리스도께 인도하는 일에 전력을 다하게 하옵소서.

아예 교회를 외면하거나, 교회는 나왔지만 예수 앞에 나오지 못하여 영성의 변화가 없는 다음 세대들이 늘어나고 있는 안타까운 현실 속에서 이들을 그리스도 앞으로 인도하여 주옵소서.

구속받기 싫어서, 지도자에 대한 부정적 이미지로, 교인들의 배타적 태도 때문에 교회를 떠난 사람들을 불쌍히 여기시고 우리가 낮은 자세로 개선하여 떠난 자들이 다시 돌아오게 하옵소서.

갈수록 종교에 실망하여 비종교 인구가 종교 인구보다 많아지고 있사오니, 지역 사회와 주민들에게 신뢰를 회복하여 하나님의 살아 계심을 선포하는 교회가 되길 원합니다.

가난한 자와 병든 자와 소외된 자들을 위해 사시다가 세상 만민의 죄를 대신하여 십자가에 못 박혀 돌아가신 예수님, 바이러스로 어려움에 부닥친 우리의 이웃들을 돌아보게 하옵소서.

저출산이 교회에도 치명적인 재앙이 되어 교회 재정, 교회 운영, 교회 개척이 어려워지거나 교회 소멸이 가속화되지 않도록 저출산이 회복되게 하옵소서.

예수 그리스도 이름으로 기도드립니다. 아멘.

(2021. 1. 17. 주일예배)

하박국의
고백

창조 사역의 성부 하나님, 구속 사역의 성자 예수님, 중생 사역의 성령 하나님, 우리의 죄를 용서하시고 지구촌을 뒤덮고 있는 코로나19 대유행병이 물러가도록 자비를 베풀어 주옵소서.

확산하고 있는 감염병의 불안 속에서도 성탄의 기쁨과 평강이 성도들과 온 누리에 가득하기를 기도합니다.

실업자는 늘고 도산이 속출하며 민생고를 겪고 있는 가난하고 고통당하고 소외된 사람들에게 희망의 빛을 비추어 주옵소서.

비록 비대면 온라인 예배지만 몸과 마음을 다하게 하시고 선포되는 말씀에 집중하여 신령한 은혜의 시간이 되기를 원합니다.

이사야 선지자가 하나님의 영광을 본 후 그 영광을 열방에 전파했듯이 우리도 오늘의 예배와 말씀 가운데 하나님의 영광을 보고 그 영광을 전하는 성도들이 되게 하옵소서.

길이요 진리요 생명이신 예수님, 우리가 반드시 가야 할 좁은 길이고, 반드시 믿어야 할 무오한 진리고, 반드시 얻어야 할 영원한 생명이오니 허물 많은 인간이지만 아버지께로 인도하여 주옵소서.

하나님의 시계로 보면 칠팔십 수명이 순간에 불과하며 더구나 고생과 슬픔으로 가득 차 있습니다.

"나는 여호와로 말미암아 즐거워하며 구원의 하나님으로 말미암아 기뻐하리로다"라고 하는 하박국의 고백이 우리의 고백이 되어 코로나 위기에도 고생과 슬픔을 기쁨으로 승화시키는 신앙인이 되게 하옵소서.

심판 주가 문 앞에 와 계시니 더욱더 사랑하고 포용하고 용서하게 하시고, 세상 종말과 주의 재림이 가까울수록 마음을 굳게 하고 인내하는 믿음의 사람이 되게 하옵소서.

예수님은 "손에 쟁기를 잡고 뒤를 돌아보는 자는 하나님의 나라에 합당치 않다"고 말씀하셨듯이 실패한 과거에 구속되지 말고, 광야와 사막에도 길과 강을 예비하시는 주님을 믿고 희망의 새해를 맞이하길 원합니다.

성인 교우들은 교회에서 시끄럽게 뛰노는 아이들에게 불호령 대신에 함박웃음을 짓게 하시고 떠드는 소리가 천사들의 속삭임으로 들리게 하시며 작아져 가는 주일학교에 부흥의 새바람이 일게 하옵소서.

힘들어 기대고 싶은 교인들에게 언덕이 되는 교회, 삶의 무게로 신음하는 교인들을 다독이는 어머니의 품 같은 교회, 하늘의 상을 기대하며 희망과 용기를 주는 천국 같은 교회가 되게 하옵소서.

우리는 강도 만난 자를 보고 피하거나 못 본 척하고 지나가는 사람은 아닙니까? 주님은 강도 만난 사람의 이웃이 되어 주었느냐고 물으십니다. 성도가, 한국 교회가 선한 사마리아인이 되게 하옵소서.

동서를 가로지른 베를린의 장벽이 무너질 줄 독일 총리도, 그 누구도 예상하지 못했듯이 삼위일체 하나님의 섭리와 주권이 이 땅에도 임하여 남북 분단의 철책이 무너지게 하옵소서.

　죽음 앞에서도 미소 지을 수 있는 담대한 믿음의 성도들이 되기를 원하오며 사망 권세를 이기신 예수 그리스도 이름으로 기도드립니다. 아멘.

(2020. 12. 20. 주일예배)

여호와
라파

모든 것을 창조하시고 모든 것의 근원이시고 모든 능력의 원천이신 여호와 하나님께 찬양과 경배를 드립니다.

우리도 예수 그리스도를 부인하고 십자가에 못 박은 죄인으로서 하나님 나라의 훼방꾼들이었음을 용서하시고 이제라도 세상에 예수 부활을 증언하는 진실한 전령사가 되게 하옵소서.

복음을 부끄러워하지 않는 그리스도인이 되게 하시고 오늘도 주의 사자를 통해 선포하는 말씀에서 하나님의 능력이 우리에게 임하기를 기원합니다.

여기저기 말세의 징조가 나타나고 시대 상황이 예사롭지 않습니다. 정신을 차리고 깨어 근신하게 하시고 세월을 아끼는 지혜로운 자가 되어 언젠가는 닥칠 종말의 시대를 준비하게 하옵소서.

모범적인 기도를 가르쳐 주신 예수님, 생명을 유지하려면 반드시 숨을 쉬어야 하듯이 인공호흡기에 의존하는 신앙인이 아니라 쉼 없는 기도의 호흡으로 생명력이 왕성한 신앙인이 되게 하옵소서.

타락한 당시 사회에서 찾아보기 힘든, 의롭고 경건한 노인 시므온처럼 아무리 세상이 어둡다 해도 불평만 하지 말고 믿음으로 어두운 세상을 밝히는 등불 같은 사람이 되게 하옵소서.

문제에는 반드시 해답을 준비해 놓으신 하나님, 마라의 물이 쓰다고 세상 탓만 하지 말고 단물을 예비하신 은총을 생각하며 질병 문제, 경제 문제, 가정 문제, 자녀 문제의 해답을 믿음으로 찾는 지혜를 주옵소서.

자신의 키보다 크고, 체중보다 무거운 삶의 짐을 지고 가파른 고개를 오르며 안간힘을 쓰는 성도들이 너무나 버거워 보이지만 고개 너머 천국 소망으로 균형을 잡고 흔들리지 않게 하옵소서.

여호와 라파 치료의 하나님, 질병을 치료 중인 교우들에게 공의로운 해가 떠올라 치료하는 광선을 비추셔서 외양간에서 나온 송아지같이 다시 걷고 뛸 수 있는 은혜를 베풀어 주옵소서.

주께서 우리에게 항상 기뻐하라고, 다시 말하노니 기뻐하라고 하십니다. 빛나는 의식주가 아니라도 그분이 함께하심으로 기뻐할 필요충분조건이 되오니 역병이 돌고 재난이 닥쳐도, 억지로라도 감사하고 기뻐하는 성도들이 되게 하옵소서.

4차 산업혁명 시대를 사는 다음 세대가 1900년대 낡은 교수 방법에서 탈피하여 미디어를 통해 성경을 학습하고 신앙이 성장하고 자신의 신앙을 표현할 수 있도록 교회 교육의 혁신적인 변화가 일어나게 하옵소서.

온종일 일터에서 시달리다가도 퇴근 시간이 되면 빨리 귀가하고 싶은 천국 같은 가정, 피곤하고 힘들었던 한 주였지만 주일이 되면 말씀이 그립고 사랑이 그리워서 달려가고 싶은 천국 같은 교회가 되게 하옵소서.

정의는 실종되고 공정은 무너졌으며, 국민의 삶은 더욱 피폐해지고 안보는 갈수록 불안해져 가는 이 나라를 불쌍히 여기시고 주께서 친히 안보하여 주옵소서.

　해외 선교사들이 활용할 수 있는 문화 선교의 도구들이 개발되어 파송 받은 젊은 선교사들이 시도하고 있는 문화 선교가 풍성한 결실이 있게 해 주옵소서.

　피할 수 없는 불의 심판이 우리를 덮쳐도 두려움의 대상이 되지 않도록 불보다 더 뜨거운 성령의 불로 충만하게 하옵소서.

　예수 그리스도 이름으로 기도드립니다. 아멘.

(2020. 11. 22. 주일예배)

분노의 자리에서
찬송의 자리로

우리의 반석이시요 구원이시요 요새이신 여호와로 인해 온역의 환난에도 흔들리지 아니함을 감사드리며 아름다우신 그의 이름을 찬양합니다.

우리의 죄로 인한 하나님의 진노로 기근이나 가뭄, 홍수나 지진, 역병이나 전쟁의 큰 불행이 닥치지 않도록 성삼위 하나님의 영광이 이 나라를 떠나지 마옵소서.

우리의 안일과 욕심만을 구하는 세속적인 기도가 아니라 욕심을 버리고 하나님께 쓰임 받기 위해 기꺼이 순종하고 헌신하겠다는 성경적 기도가 되게 하옵소서.

하나님의 말씀보다 보이는 현실과 경험을 중요하게 여기고 우리의 생각대로 살았던 과거를 회개하며 자기를 부인하고 자기 십자가를 지고 하나님의 말씀을 따라 살게 하옵소서.

이 세대를 본받지 말라고 하신 주님, 우리에게 필요한 것은 세상의 풍조와 사상, 이념이 아니라 하나님의 말씀임을 깨닫고 말씀에 청종하는 예배가 되게 하옵소서.

성경 속의 인물들과 사건들을 묵상하면서 오늘 우리의 삶에 적용하여 교훈으로 삼아 올바른 신앙의 길을 걸어가게 하옵소서.

성령이 함께하셔서 불평하고 분노하는 자신을 다스리고, 하나님의 자녀라는 확고한 믿음을 갖고 분노의 자리에서 찬송의 자리로 돌아오게 하옵소서.

다음 세대의 위기를 말하면서도 무대책이 문제입니다. 교육 목회로 전환하고 교역자와 부모가 교육 목회의 핵심이 되어 세속적인 가치관이 아니라 성경적인 가치관으로 자녀와 차세대를 양육하게 하옵소서.

젊은 사람들이 만족하고 그들에게 희망을 주고 그들을 품을 수 있는 교회, 떠나고 싶지 않고 떠났던 청년들을 돌아오게 하는 교회가 되도록 청년성을 회복하게 하옵소서.

질병과 경제적 어려움 때문에 자녀들에게 부담을 느끼고 관계가 서먹해지며 삶의 의욕을 잃어가는 어르신들에게 확고한 부활 신앙으로 소망의 여생을 살게 하옵소서.

그동안 많은 선교사의 순교적인 헌신으로 수많은 선교의 열매를 맺었는데 지금 회심자가 적다고 낙망하지 말고, 미전도 종족과 이슬람 전도에 눈물로 씨를 뿌리는 한국 교회가 되게 하옵소서.

공의와 정의를 행하는 것이 제사 드리는 것보다 여호와께서 기쁘게 여기신다고 하신 주님, 공의와 정의가 땅에 추락한 이 나라를 불쌍히 여기시고 공의의 실천으로 정의로운 개인과 사회와 국가가 되게 하옵소서.

항상 부족한 사람들을 직분자로 세워 쓰시는 하나님의 은혜에 감사하고, 하나님의 영광을 위해, 주님의 몸 된 교회를 위해 모두가 섬기는 자들이 되게 하옵소서.

믿음의 본이 되고 하나님의 온전하신 뜻을 실천할 희생과 헌신과 섬김의 청지기를 일꾼으로 선택해 주옵소서.

하나님의 대리자로서 민족을 구한 드보라, 훌다와 같은 여성, 예수님의 초기 사역부터 제자가 되었고, 부활의 첫 증인으로 선택받았고, 복음전파 역할을 한 여성들이 사역이나 활동에서 성차별이 없게 하옵소서.

우리가 거주하는 이 지역을 예수 마을로 만드는 꿈을 꾸고 그 꿈을 이루기 위해 한 줌의 밑거름이 되기를 원하오며 예수 그리스도 이름으로 기도드립니다. 아멘.

(2020. 10. 25. 주일예배)

생명줄을 던지는
교회

하나님은 단순한 도덕적 교훈을 가르치는 신이 아니라 우주 가운데서 활동하시고 우리 삶 가운데도 역사하시는 창조주 하나님께 찬송과 영광을 돌립니다.

코로나19 고통의 상황 앞에서 종식을 기도하기보다, 하늘을 향해 한숨을 짓기보다, 우리의 잘못을 돌아보게 하시고 역병의 감염을 막기 위해 사람과의 거리 두기가 자칫 하나님과의 거리 두기로 전락하지 않게 하옵소서.
태양을 등지면 그림자만 보이고 태양을 바라보면 그림자가 안 보이듯 하나님을 등지고 인간의 생각에 갇혀 괴로워하지 말고 하나님을 바라보고 걱정 근심의 그림자를 물리치게 하옵소서.

교회가 어려움을 겪지 않았던 시대는 없었고 한국 교회도 말씀과 기도로 박해를 견디었듯이 아무리 비난해도 세상을 밝히는 유일한 희망은 기독교이지만 전염병으로 예민해진 국민 앞에서 낮은 자세로 감염 예방에 솔선수

범하게 하옵소서.

상황이 두렵고 답답할지라도 우리의 생각을 강요하는 기도가 아니라 하나님의 뜻을 찾는 기도가 되게 하옵소서.

오묘한 말씀과 신령한 찬송으로 인간이 아닌 하나님을 기쁘시게 하는 예배가 되게 하옵소서.

반짝이지 않아도, 화려하지 않아도 하나님께서 기뻐하시는 거룩한 자녀가 되기를 원합니다.

오늘도 강단의 말씀이 죽어가는 영혼을 살리고 거룩한 삶을 살 수 있도록 끊임없이 성화되게 하옵소서.

하나님의 부름을 받아 진리를 외치면서 실천하고 하나님의 양 떼를 지극정성으로 돌보는, 땅 위의 가장 영광스러운 목회 사역에 항상 그리스도를 닮은 성품과 열정으로 매진하여 부흥의 바람이 일어나게 하옵소서.

교회가 복음의 영광을 되찾아 순수 복음으로의 회복이 이루어지게 하시고 예수님은 그리스도시요 살아 계신 하나님의 아들이라는 원초적인 신앙 고백으로 돌아가 상처투성이인 우리의 육체와 심령을 치유하여 주옵소서.

삶과 죽음의 갈림길에서 도움을 받을 곳도 없고, 하소연할 곳도 없고, 희망의 빛을 잃고 외로움과 두려움에 떨고 있는 극단적 선택의 위기에 놓인 사람들에게 생명줄을 던지는 교회가 되게 하옵소서.

군 복무 중인 우리 교회 청년들을 지켜주시고 군 선교 현장은 황금 어장이지만 외출이 자유롭고 핸드폰을 사용하게 되는 급격한 환경의 변화에 효과적으로 대처하여 수많은 병사의 양육과 진중 세례가 이루어지게 하옵소서.

핵으로 세계 평화를 위협하고, 곳곳에서 굶주림, 중노동, 구타, 살인의 인권 유린이 심각하고 기독교를 말살한 북한 세습 정권의 만행에 하나님의 강권적인 은혜로 평화 통일을 이루어 한민족을 구원하여 주옵소서.

　기상 이변으로 들판에 상처가 나고 역병으로 가족 친척끼리 만나기도 조심스러운 때이지만 불안 염려 잠시 내려놓고 하나님께 감사하며 한가위 보름달처럼 넉넉하고 건강한 추석이 되기를 간절히 빌고 원하오며 예수 그리스도 이름으로 기도드립니다. 아멘.

(2020. 9. 27. 주일예배)

청빈과 희생과 섬김의
목양

하나님께서 빛을 창조하셔서 대지의 아름다운 창조 세계를 날마다 눈으로 즐기고, 오곡백과를 영글게 하시는 은총에 감사와 영광을 돌립니다.

거룩한 예배 공동체가 되게 하시고, 비록 영상 예배를 드리는 어려운 상황이지만 은혜로운 설교로 교우들의 가슴에는 감사가, 머리에는 희망이 넘실거리고 영육 간의 삶에 놀라운 변화가 일어나게 하옵소서.

이 시대 교회가 세상으로부터 다시 신뢰를 회복하고 선택을 받기 위해 세례 요한과 같이 청빈과 희생과 섬김의 목양이 이루어지게 하옵소서.

제물이 없어서 제사를 지내지 못할 정도로 군대처럼 습격해 작물을 초토화한 요엘 시대의 메뚜기떼가 지금 이 땅에 나타나 이전에는 볼 수 없었던 경제 불황, 갈등과 반목으로 혼란스러운 정치, 사회 불안을 야기하는 신종 범죄들과 바이러스의 출현, 장마와 폭우와 폭염의 기상 이변으로 우리의 심신을 황폐화하고 있습니다.

이전에 없었던 일들이 일어나면 여호와의 날은 무서운 진노와 심판의 날임을 깨닫고 은혜의 날이 될 때까지 마음을 찢으며 하나님께 부르짖는 진정한 회개 운동이 일어나게 하옵소서.

교회가 코로나 집단 감염의 통로나 원인 제공자로 몰려 사회적 지탄을 받아 전도의 문이 막히고 지도적 위상을 상실하지 않도록 그 누구보다 코로나 방역에 앞장서서 모범을 보이게 하옵소서.

성경은 동성애를 가증한 일이라고 하였으며 소수자 인권 보호라는 명분 아래 차별을 금지함으로써 동성애자를 보호하고 오히려 동성애 반대자를 처벌하며 창조 질서에 역행하고 유럽 교회를 무너지게 했던 차별 금지법이 철회되기를 간절히 기도합니다.

해마다 금품 수수, 흑색선전으로 세상 선거보다 더 부패하고 타락한 교단 선거로 인해 하나님의 진노를 예견해 왔습니다. 교단, 교회 지도자부터 철저하게 회개하여 이번 총회는 깨끗한 임원 선거로 하나님의 진노를 거두게 하옵소서.

코로나바이러스 백신을 개발하여 치료를 허락하시고, 이번 신종 감염병 시험이 영적 백신이 되어 그동안 기독교에 만연해 있던 온갖 영적 바이러스를 박멸하여 신앙의 본질로 돌아가 하나님과의 관계를 회복하는 기회가 되게 하옵소서.

누구나 행복을 추구하지만, 원하는 소원이 이루어진다 해도 행복을 소유할 수 없는 것은 우리를 창조하신 하나님 밖에서 행복을 찾기 때문입니다.

행복 프로그램의 진행자도, 강의하던 행복 전도사도 극단적인 선택을 하고 말았듯이 삭개오처럼 예수님을 만남으로 공허와 허무의 빈방을 채워 진정한 행복을 누리는 기독인이 되게 하옵소서.

너희가 서로 사랑하면 이로써 모든 사람이 내 제자인 줄 알리라고 하신 말씀 따라 예수님의 제자가 되어 사랑의 배지를 달고 약하고 힘없는 자를 돕는 사랑의 손이 되고 발이 되기를 원합니다.

연로한 교우들, 각별히 건강을 지켜주시고 백발은 영화의 면류관이라는 말씀대로 늙어 가는 것이 영광스럽고 주님만 바라보는 농익은 어른이 되어 사무엘 선지자처럼 성공적인 노년을 살게 하옵소서.

예수 그리스도 이름으로 기도드립니다. 아멘.

(2020. 8. 23. 주일예배)

행동하는
신앙인

엿새 동안 천지를 창조하심으로 우리의 모든 필요를 채우시고 안식을 주신 하나님을 찬양하고 경배합니다.

우리 민족은 일방적으로 침략만 받아 상실의 아픔을 안고 온몸으로 부르짖던 성도들의 기도를 들으시고 부흥과 성장의 축복을 내리신 하나님께 감사를 드립니다.

불꽃 같은 눈으로 보고 계시는 하나님, 개인이나 교회나 국가의 불의, 부정, 부패로 인해 에스겔 시대의 긍휼 없는 하나님의 진노가 이 시대에 임하지 않도록 회개하고 돌이키기를 원합니다.

우리의 아버지 되시는 하나님, 아버지의 명성에 누를 끼치지 않고, 아버지의 공의로우신 성정을 닮아가는 자녀들이 되게 하옵소서.

영과 진리로 드리는 예배가 되게 하시고 이 예배를 통하여 드러난 주님의 영광이 복음의 능력이 되어 그리스도의 온전한 제자로 살아가게 하옵소서.

선포되는 하나님의 말씀이 적용을 통해 교우들의 삶의 태도가 바뀌고 신앙생활에 큰 변화가 있기를 원합니다.

십자가의 의미는 믿는 자에게는 구원이지만 믿지 않는 자에게는 심판이라는 사실을 이웃에게 널리 알리고 심판이 있기 전에 구원받을 수 있도록 우리가 진실한 전도인이 되게 하옵소서.

우리 교회 어린이, 청소년, 청년들이 빠르게 지나가는 세월을 아껴서 하나님 사랑과 나라 사랑의 정신을 기르고 전염병으로 부족했던 믿음을 단련하는 여름 행사가 되게 하옵소서.

섬김을 받기 위해서가 아니라 섬기기 위해서 오셨다고 하신 예수님, 지시하고 야단치고 다스리고 군림하지 말고 교인들을 섬기는 목사와 장로가 되게 하시고, 성도들은 주님의 몸이신 교회를 위해 한 장의 벽돌이 되게 하옵소서.

코로나19 흑암 가운데 사는 우리에게 회복의 빛을 보게 하시고 여러 가지 질병으로 죽음의 그늘진 땅에 사는 성도들에게 치유의 광선을 비추어 주옵소서.

여리고 성처럼 믿음으로 돌기만 하면 되는 곳도 있지만, 아이 성처럼 치열한 전투를 해야 하는 곳도 있듯이 우리는 믿음으로, 그리고 부지런하고 치열하게 사는 기독인이 되게 하옵소서.

입시를 준비하는 학생들, 취업을 준비하는 청년들, 견고한 믿음과 뜨거운 열정이 어우러져 반드시 꿈이 성취되기를 기도합니다.

말이 아닌 행동으로 본을 보이신 예수님, 말로만 "주여, 주여" 하지 말고 하늘에 계신 아버지의 뜻대로 실천하는 천국 시민이 되고 백 마디 말보다 한 걸음 행동하는 신앙인이 되게 하옵소서.

가정 교회에 대한 중국 당국의 탄압과 핍박이 심해지고 있습니다. 거대한 중국 당국의 박해에 선교 열정이 식지 않게 하시고 중국이 복음화되도록 성령께서 강력하게 이끌어 주옵소서.

미신과 무속 신앙에 빠져 희망이 없던 이 땅에 기독교를 받아들여 짧은 기간에 국민의 20%가 기독인이 되고, 세계 2위의 선교사를 파송한 나라로 축복하신 하나님, 이 은혜를 다음 세대에게 잘 계승하는 민족이 되게 하옵소서.

겨자씨만 한 작은 기도의 몸부림들이 모여 큰 나무를 이루고 새들이 깃들고 지친 영혼들이 안식하는, 이 시대의 귀감이 되는 교회가 되게 하옵소서.

세상 끝날까지 우리와 항상 함께 있으리라고 하신 예수 그리스도 이름으로 기도합니다. 아멘.

(2020. 8. 5. 주일예배)

길 잃은 영혼들의
다급한 목소리

그동안 지은 죄를 진심으로 참회하고 우리의 허물을 용서하시며 죄인들을 죽음에서 생명으로 옮기신 한없는 사랑의 하나님을 소리 높여 찬양합니다.

지금까지 베풀어 주신 하나님의 은혜와 첫 열매를 기억하고, 부활의 첫 열매가 되신 예수님을 기억하고, 영원한 생명을 얻었음을 기억하여 감사로 영광 돌리는 맥추감사주일이 되게 하옵소서.

심판은 심판으로 끝나지 않고 반드시 회복과 희망의 메시지를 동반하시는 하나님, 이제 코로나19 심판과 질병의 고통에서 신음하는 사람들에게 회복과 치유의 자비를 베풀어 주옵소서.

하늘 보좌를 움직여 우리의 욕망을 채우기 위해 달라고만 하는 무속적인 기도가 아니라 우리의 뜻보다 하나님의 뜻이 이루어지기를 구하는 성경적 기도가 되게 하옵소서.

예배 공동체로서 하나 된 가정들을 찾으시는 하나님, 온 가족이 하나님을 예배하고 하나님과 친밀히 교제하는 믿음의 가정들이 되게 하옵소서.

주의 사자께서 우리를 인간의 근본 문제인 하나님과 바른 관계로 인도하고, 진리를 깨우치는 설교를 하고, 좌로나 우로나 치우치지 않고 말씀대로 행하며, 강하고 담대한 목회자가 되어 형통의 복을 누리게 하옵소서.

오늘날 목마르다고 외치는 길 잃은 영혼들의 다급한 목소리에 귀를 기울이고 그들의 영적 갈증을 해소할 수 있는 복음의 생수를 준비하고 제공하는 교회가 되게 하옵소서.

모세의 부모처럼 자녀들에게 말보다 먼저 본을 보이고 주의 교훈과 훈계와 믿음으로 양육하여 부모의 영광이 아닌 하나님의 영광이 되게 하옵소서.

우리의 노력만으로 역부족임을 고백하오니 구원받은 사람으로서 거룩한 삶을 살아 성화되어 주님의 성정을 닮아가도록 성령께서 이끌어 주옵소서.

차별 금지라는 그럴듯한 명분을 내세워 하나님의 창조 질서를 거스르는 동성애를 합법화하려는 시도를 거두어 주시고 동성애자들을 그리스도의 사랑으로 품고 복음의 길로 이끌어 주옵소서.

진영 논리에 빠져 가치관이 전도된 지금 하나님을 신앙하는 우리가 먼저 바르게 살아 선지서가 부르짖는 사회 정의와 공의가 이 땅에 뿌리 내리기를 원합니다.

남북 지도자들의 인간적인 노력으로는 통일이 불가능한 줄을 아오니 하나님께서 주권적으로 개입하셔서 분단 75년을 마감하고 피 흘림이 없는 평화 통일을 간절히 소원합니다.

성벽 재건이 느헤미야의 사명이었던 것처럼 우리도 과거를 돌아보고 말씀과 기도로 무너졌던 삶과 신앙을 다시 일으켜 세우고 느헤미야의 애국 신앙을 본받게 하옵소서.

선교 현지의 사회적 여건과 복음화 상황이 수시로 변하고 한국 교회의 선교 역량이 급속하게 약화하고 있는 지금, 미전도 종족을 선교하고 유럽 교회를 회복시키고 세계를 복음화할 수 있는 능력을 갖춘 복음주의 한국 교회가 되게 하옵소서.

흩어지기 위해서 모이다가 감염병으로 흩어져서 모이기가 힘든 형편에도 믿음이 식지 않게 하시고 우리 민족이 하나님께로 돌아오는 꿈을 꾸며 이웃에게 복음을 전하는 기독인이 되게 하옵소서.

예수 그리스도 이름으로 기도드립니다. 아멘.

(2020. 7. 5. 주일예배)

Prayer / 14 /

복음의 가치를 담는
기독교 문화

교회 설립 48주년을 맞아 지금까지 인도해 주신 하나님의 은혜에 감사와 찬송과 영광을 돌립니다.

온갖 어려움 속에서도 교회를 위해 터를 닦고 희생과 헌신을 아끼지 않았던 교우들을 기억하옵소서.

성령이 충만하고, 은혜가 넘치고, 믿는 사람들이 날마다 늘어나고, 칭찬을 받는 교회가 되게 하옵소서.

우리에게 당부하신 명령과 규례와 법도를 잘 지켜 행하여 하나님의 마음에 합한 성도, 하나님의 마음에 합한 교회가 되기를 원합니다.

말씀으로 천지를 창조하시고 말씀으로 베데스다 연못가 38년 된 병자를 고치신 주님, 말씀으로 교우들이 앓고 있는 질병의 고통과 코로나19 환난이 종식되어 일상으로 돌아가게 해 주옵소서.

신종 바이러스로 경기 침체, 고용 악화의 절망적인 상황에도 하나님의 놀라운 계획이 있을 것임을 믿고 인간의 생각을 초월하는 하나님의 길로 우리를 인도하여 주옵소서.

나라 위해 목숨을 바친 수많은 순국선열과 아직도 어느 산하에 묻혀 있을 무명용사들을 생각하면 가슴이 저리는 호국 보훈의 달입니다.

대한민국 번영의 초석이 된 호국 영령들에게 큰 빚을 지고 있는 우리는 이들의 넋을 기리고 국가 유공자와 유족들을 예우하며 기도하게 하옵소서.

자기의 사명을 깨닫고 용기를 얻어 죽으면 죽으리라는 각오로 구국 운동에 앞장선 에스더처럼 우리도 사명을 깨닫고 죽으면 죽으리라는 각오로 나라를 사랑하는 신앙인이 되게 하옵소서.

우상을 숭배하고 도덕적으로 타락할 때 심판의 채찍을 드신 하나님, 우상을 버리고 죄를 멀리하고 하나님만을 예배하는 국가와 민족이 되게 하옵소서.

제물을 태워 향을 내고 그 향을 하나님께서 흠향하셨던 것처럼 우리의 삶과 예배가 흠 없는 제물을 태운 향이 되게 하옵소서.

설교자의 거룩한 사명인 하나님의 말씀을 대언할 때 성령의 능력이 역사하여 본문이 살아 있는 설교, 변화와 성장이 일어나는 설교, 영혼을 살리는 설교가 되게 하옵소서.

우리는 질그릇 같은 연약한 존재임을 고백하고 하나님 앞에 철저하게 무릎 꿇고 진리의 말씀을 따라 주님의 뜻대로 살게 하옵소서.

우리에게는 누구나 원죄의 죄성이 뿌리 박혀 있어 죄를 범하기 쉽사오니, 끊임없는 자기 갱신과 믿음의 연단으로 변질이 아닌 변화되는 신앙인이 되기를 원합니다.

예수 그리스도를 진실로 신뢰하고 사랑하여 자신을 부인하고 주님의 삶의 발자취를 따라가 그의 품성을 닮아가는 영성의 사람들이 되게 하옵소서.

한국의 기독교 문화가 융성하게 하시고, 세상 속에서 꽃피운 기독교 문화를 통하여 복음을 표현하고, 전하고, 복음의 가치를 담아내는 유익한 도구가 되기를 원합니다.

1.5%에 불과했던 기독교인들이 3·1 운동을 주도했는데 오늘날 기독교인들이 20%나 되지만 사회로부터 크게 신뢰를 받지 못하고 있습니다. 사회를 구원하고 이 나라의 중추적인 역할을 하는 한국 교회가 되게 하옵소서.

교회의 머리이신 예수 그리스도 이름으로 기도드립니다. 아멘.

(2020. 6. 7. 주일예배)

평범한 일상의
그리움

　어디에도 계시는 무소부재하신 여호와를 모든 백성이 찬양하며 모든 나라가 찬송하기를 기원합니다.

　이렇게 일상을 빼앗겨보니 평범했던 지난날이 얼마나 기적 같은 시간이었는지 깨닫고 앞으로 평범한 일상을 더욱 감사하며 살아가게 하옵소서.
　하찮은 미생물에 의해 국가와 세계가 흔들리고 무너지며 인간 지식의 한계와 나약함이 드러나고 있는 코로나19를 통해 오직 처음과 마지막이신 주님밖에 믿고 의지할 대상이 없다는 것을 고백합니다.
　한국 교회가 가슴을 치고 회개하여 코로나바이러스가 그동안의 침체를 극복하고 다시 일어서기 위해 울리는 영적 경종이 되게 하옵소서.
　이 고난의 시간을 통하여 예배의 소중함, 교회의 소중함, 가정의 소중함을 깨닫고 배우는 기회가 되기를 원합니다.

　종교 개혁가들이 피 흘리기까지 싸워 지켜내려 했던 가정은 독신주의, 동성애, 출산 기피, 비혼, 이혼으로 흔들리고 있습니다.

수고한 대로 먹을 것을 얻는 가장과 결실한 포도나무 같은 아내와 식탁에 둘러앉은 어린 감람나무 같은 자식들이 한결같이 하나님을 경외하고 섬기며 신앙을 대물림하는 이상적인 가정들이 되게 하옵소서.

절기용 가정 사역이 아닌 일상의 가정 사역으로 새로운 가정들이 태어나고 건강한 가정들로 성장하고 무너지는 기독 가정이 없도록 지켜주옵소서.

이 와중에 또 다른 질병에 시달리는 교우들, 경제적인 어려움에 놓인 교우들, 그 밖에 우리가 처한 힘든 상황이 하루빨리 개선되도록 자비를 베풀어 주셔서 다가올 보다 나은 미래의, 고개 넘어 구름 뒤의 무지개를 보게 하옵소서.

뜻하지 않던 감염의 공포를 겪으며 목숨을 걸고 선교지를 지키는 선교사들을 부활의 권능으로 보우하여 주옵소서.

불안과 권태로 얼룩진 일상의 벽을 넘어 예수 그리스도의 사랑과 위로의 음성을 말씀을 통해 들려주옵소서.

정의 사회와 건강한 교회 구현을 위해 말씀을 실천하여 우리의 영혼이 깨끗하고 선한 영향력을 끼치는 성도가 되게 하옵소서.

순례자로 살아가는 우리에게 진정한 행복은 물질이나 사회적 지위가 아니라 그리스도를 믿음으로 하나님의 자녀가 된 사실 하나만으로 항상 자족하고 기뻐하는 신앙인이 되게 하옵소서.

예수 믿는 우리는 예술처럼 아름다운 하나님의 걸작품이라는 사실을 인식하고 열등감이 아닌 거룩한 자존감을 회복하여 강하고 담대한 그리스도인이 되기를 원합니다.

다음 세대 사역의 중요성을 이해하고 성도들의 관심과 기도, 교역자들과 교사들의 헌신을 통해 가정 학습 중인 우리 교회의 다음 세대가 더욱 건강한 실력자로 성장하게 하옵소서.

오히려 세상이 교회를 향해 회개하고 정직하고 참된 진리의 교회가 되라고 충고합니다. 교회가 세상을 향해 회개하고 복음을 믿으라고 외치는 선도적이고 선지자적 교회가 되게 하옵소서.

예수 그리스도 이름으로 기도드립니다. 아멘.

(2020. 5. 10. 주일예배)

Prayer / 16 /

세상에서
가장 기쁜 소식

죄와 죽음을 이기고 부활하신 예수 그리스도를 향한 감사와 영광의 찬송이 지구촌 방방곡곡에 울려 퍼지기를 기원합니다.

신종 바이러스의 창궐로 인하여 두렵고 불편한 생활 중에도 교만과 탐욕에 대해 통찰하고 회개하여 신앙이 성숙하는 계기가 되게 하옵소서.

함께 모여서 드리는 예배의 소중함을 일깨우고, 세상의 즐거움에 취해 예배에 소홀했던 삶의 태도를 바로 잡는 기회가 되게 하옵소서.

이 비상 상황이 한국 교회에는 신령한 양약이 되어 침체가 아니라 오히려 새로운 기운을 얻어 도약하는 전기가 되기를 간절히 빌고 원합니다.

두려움으로 떨고 있는 이 땅의 백성들을 불쌍히 여기시고 육적 바이러스 코로나와 한국 사회 곳곳에 퍼져가는 영적 바이러스 이단을 박멸하여 주옵소서.

하루빨리 교우들의 얼굴에도, 소시민의 얼굴에도, 대한민국의 얼굴에도 밝고 환한 웃음의 꽃이 피기를 간절히 기도합니다.

향기 나는 제물을 기뻐 받으셨던 하나님, 비록 바이러스로 영상 예배를 드리고 있지만 우리 자신을 산 제물로 드려 향기 나는 예배가 되게 하시고 이 상황이 하루빨리 끝나 영육 간의 삶이 정상화되기를 원합니다.

아담의 범죄 이후 하나님이 우리를 떠나시면서 죽음이 인간을 지배하기 시작했으나 사망 권세를 이기시고 부활하신 주님의 은혜로 이제는 죽음을 두려워하거나 죽음에 굴복하지 않습니다.

살아서 믿는 자는 영원히 죽지 아니하리라는 이 말씀, 이 믿음을 가지고 코로나 바이러스를 극복하고 이 땅에 하나님의 나라를 확장해 가는 역군이 되게 하옵소서.

이 땅에 사는 동안 부활 신앙에 힘입어 기쁨으로 역경과 고난을 극복하고 십자가를 감당할 수 있기를 기도합니다.

예수님의 부활 소식은 세상에서 가장 기쁜 소식입니다. 슬픔이 기쁨이 되고, 절망이 소망이 되고, 고통이 즐거움이 된 부활 소식 앞에서 그 어떤 위기의 상황에서도 우리는 항상 기뻐하고 감사하는 신앙인이 되게 하옵소서.

죽음으로 인한 불안과 걱정과 근심을 모두 떨쳐버리고 생명의 주, 창조의 주가 되시는 부활의 주님을 진심으로 영접하여 전염병으로 짓눌린 삶에 활기를 되찾게 하옵소서.

절망과 실의에 빠져 세상길인 엠마오로 내려가던 두 사람이 부활하신 예수님을 만나고 변화되어 다시 예루살렘으로 올라간 것처럼 세상으로 가던 사람들이 이제는 영적 예루살렘인 하나님의 교회로 돌아오기를 간절히 빕니다.

생명이신 예수님, 죽음을 이기시고 승리하신 부활절을 맞이하여 가족, 민족, 인류와 특별히 북한에도 부활의 새 생명을 주옵소서.

폭발적으로 늘어나는 국가 부채, 절체절명의 벼랑 끝에 선 경제 문제를 해결할 선량을 뽑는데 대한민국의 운명이 달려있습니다. 우리의 다음 세대를 위해서라도, 자식 손자를 위해서라도 모든 국민이 현명한 선택을 하여 나라가 바로 서게 하옵소서.

부활하심으로 세상의 권세, 죄악의 권세, 사망의 권세를 이기신 주 예수 그리스도 이름으로 기도드립니다. 아멘.

(2020. 4. 12. 주일예배)

바이러스의
질곡

　창조의 주, 구원의 주이신 여호와 하나님, 우리가 광야 같은 삶이 시작된 날부터 오늘에 이르기까지 늘 하나님 여호와를 거역하고 격노하게 하였음을 회개하오니 용서하여 주옵소서.

　죄인인 우리를 위해 크고 놀라운 일을 행하시는 찬송의 하나님께 감사와 영광을 돌립니다.

　마음을 다하고 뜻을 다하고 힘을 다하여 하나님 여호와를 사랑하게 하옵소서.

　하나님을 사랑하고 이웃을 사랑하라는 명령은 말이나 생각에 그치지 말고 행동으로 실천하는 신앙인이 되게 하옵소서.

　6·25 전쟁 중에도 예배를 중단하지 않았는데, 교우들의 안전과 국민적 우려를 고려해 부득이 드리는 온라인 영상 예배지만 소중하게 여기고 하나님께 진지하고 신령한 예배가 되게 하옵소서.

이스라엘을 애굽에서 구원하신 여호와께서 그 권능의 손으로 우리를 바이러스의 질곡에서 구해 주옵소서.

여호와께서 모든 질병을 우리에게서 떠나게 하시고 악질에 걸리지 않도록 도와주옵소서.

코로나 희생자의 유가족들을 위로하고 감염으로 격리 중인 환자들의 쾌유를 빌며 감염의 위기를 무릅쓰고 일선에서 수고하는 모든 의료진과 관계자들에게 하나님의 가호가 있기를 기도합니다.

일상을 잃어버린 이 힘든 상황이 길지 않게 하시고 평범하다고 생각했던 일상이 얼마나 소중하고 감사한 일인지 깨닫는 계기가 되게 하옵소서.

평범한 일상으로 하루빨리 돌아가 도산 직전의 위기에 있는 서민 경제와 정치, 교육, 의료, 산업, 종교 활동이 제자리를 되찾게 하옵소서.

우리가 맞서서 싸우는 모든 대적에게 두려워하지 말고 담대하게 하시며 몸과 영혼을 지옥에 멸하실 수 있는 하나님만 두려워하는 성도가 되게 하옵소서.

믿음 생활의 시련이 인내를 만들게 하시고 시험을 만나면 온전히 기쁜 마음으로 극복하여 주님을 사랑하는 자들에게 약속하신 생명의 면류관을 받아 쓰게 하옵소서.

목회자의 성결한 삶이 녹아 있고 성도들이 공감하는 소통의 설교가 되어 생업과 전염병의 현장에서 고통과 상처받은 심령을 위로하고 치유하여 목회적 돌봄의 은총이 있게 하옵소서.

집에 앉았을 때든지 길을 갈 때든지 누워 있을 때든지 일어날 때든지 품 안에 있을 때 주의 말씀을 부지런히 가르치는 부모가 되게 하옵소서.

믿음의 선진들이 보여 준 애국 애족의 정신을 본받아 이를 계승할 사명

이 우리에게 있음을 깨닫고 누구보다 나라를 사랑하는 기독인이 되게 하옵
소서.

　우리의 선교 대상인 북한을 불쌍히 여기시고 닫힌 선교의 문을 열어 주셔
서 모든 핵시설을 평화의 원전으로 바꿔 한반도에 진정한 평화 통일이 임하
기를 간절히 빌고 원하오며 예수 그리스도 이름으로 기도합니다. 아멘.

(2020. 3. 15. 주일예배)

양 냄새가 물씬 배어 있는
선한 목자

세상이 줄 수 없는 평화와 평안을 주시는 평강의 왕이신 예수님을 찬양하고 감사와 경배를 드립니다.

저희 때문에 주님의 영광을 가리고, 주님의 몸 된 교회가 비난과 공격의 대상이 되지 않도록 매사에 성찰하는 신앙인이 되게 하옵소서.

물고기 배 속에서 통곡하고 회개한 요나처럼 우리도 진정으로 회개하여 국가와 한국 교회를 새롭게 하고 하나님의 놀라운 사역을 감당할 수 있도록 인도하여 주옵소서.

하나님 앞에서 자아도취에 빠진 바리새인이 아니라 죄인인 것을 발견한 세리처럼 내세울 자기 의도 없고 늘어놓을 자기 공로도 없는 죄인이기에 불쌍히 여기시고 긍휼을 베풀어 주옵소서.

온 민족과 열방이 하나님을 경외하고, 생명의 말씀을 최고의 권위로 믿고 꿀송이처럼 달게 받으며 주님을 찬양하는 예배가 되게 하옵소서.

상실한 마음, 우울한 마음을 방치하면 신앙도 병들고 인생도 망가지기에 말씀이 은혜의 자리로 인도하여 고통을 겪고 있는 교우들의 마음의 질병과 육신의 질병을 치유하여 주옵소서.

육적인 건강을 위해서 건강 검진을 하듯 영적인 건강을 위해서도 말씀의 거울 앞에 자신을 비춰보고 영적인 건강 상태를 점검하게 하옵소서.

시련과 역경을 만났을 때 낙심하지 말고 우리의 삶을 빚으시고 어루만지시는 그리스도에게 그 모든 문제를 맡기고 변화와 성숙의 기회로 삼게 하옵소서.

선악을 알게 하는 나무의 열매를 먹는 날에는 반드시 죽으리라고 엄중하게 경고하셨지만. 끝없는 탐욕으로 오늘도 크고 작은 금단의 열매 앞에서 하나님의 경고를 거스르고 있습니다. 유혹에 넘어가지 않고 믿음을 지킬 수 있는 기독인이 되게 하옵소서.

인간을 창조하신 후 하나님의 첫 명령이 생육하고 번성하여 땅에 충만하라고 하셨습니다. 하나님의 백성인 우리가 먼저 결혼 기피, 출산 포기의 사회 풍조를 바꾸는 데 앞장서 교회 소멸, 나아가 국가 소멸의 재앙에 이르지 않게 하옵소서.

나라의 독립을 위해서 목숨을 버린 선진들의 믿음과 애국 애족 정신을 본받아 가슴에 아로새기고 길이 계승하기를 원합니다.

생명의 위협과 온갖 고초를 당하고 있는 선교사들과 현지 성도들, 십자가가 철거되고 예배당이 폐쇄되는 고난 중에도 예수 그리스도를 향한 믿음을 고백하고 십자가를 붙들고 절규하는 선교 현장에 하나님의 은총과 자비가 임하기를 기도합니다.

다윗은 "터가 무너지면 의인이 무엇을 하랴?"고 물었듯이 나라의 기틀과

정의가 무너지고 거룩한 성소의 터가 흔들리고 있는 오늘의 현실 속에서 우리는 무엇을 해야 할지 올바른 길로 인도하여 주옵소서.

온갖 위험과 질병과 바이러스에 노출된 세상이라 항상 양들 곁에서 동고동락하며 사나운 들짐승으로부터 보호하고 상처를 싸매주며 따뜻하게 안아 줄 양 냄새가 물씬 배어 있는 선한 목자가 우리의 목자이기를 간절히 빌고 원하오며 예수 그리스도 이름으로 기도드립니다. 아멘.

(2020. 2. 16. 주일예배)

영적 흉년
육적 흉년

오직 여호와만 유일신이심을 고백하고 찬양과 존귀와 영광을 돌립니다.

그리스도께서는 너도 가서 이와 같이 하라고 가르치셨는데 우리는 말만 있고 삶이 없습니다. 사랑이란 말은 넘쳐나는데 사랑의 실천이 부족함을 회개하고 용서를 구합니다.

나를 사랑하는 자 나를 간절히 찾는 자가 나를 만날 것이라고 하신 주님, 어린아이처럼 달라고 떼를 쓰는 이기적인 기도가 아니라 하나님의 뜻에 부합하고 하나님을 감동하게 하고 하나님이 기뻐하시는 기도가 되기를 원합니다.

하나님의 자녀 된 권세로 "마귀야 물러가라, 질병아 물러가라, 두려움아 물러가라"고 담대하게 명령하며 선포하는 예배가 되게 하옵소서.

주의 일에 밤낮으로 애쓰는 우리 교회 교역자들, 귀한 생명들을 주님의 제자로 만들어 맡은 부서를 부흥시키는데 신명을 다하게 하시고 영육 간에 강건하게 하시고 거룩한 소명자가 되게 하옵소서.

올 한 해도 우리 교회의 모든 일에 하나님께서 여호와 이레가 되어 주시고 수고하는 종들의 땀과 눈물과 신앙고백이 밑거름되어 성숙하고 발전하는 건강한 교회가 되게 해 주옵소서.

그리스도를 높이고 섬기고 사랑하여 언제나 그리스도를 마음에 품고 다니는 성도가 되기를 원합니다.

주의 앞에 있는 충만한 기쁨과 주의 오른쪽에 있는 영원한 생명의 길로 우리를 인도하여 주옵소서.

우리가 살아가는 하루가 주님께서 주신 십자가 희생의 은혜라는 사실을 생각한다면 우리에게 주어진 오늘은 결코 평범한 일상이 아님을 깨닫고 하루하루를 소중하게 살아가게 하옵소서.

거친 광야 같은 우리 인생을 연단하여 성숙하게 만드시는 주님, 고난과 시련을 변화와 성숙, 축복의 기회로 삼고 슬기롭게 극복하기를 원합니다.

지구촌 선교지 곳곳마다 하나님의 놀라운 구원의 역사가 일어나게 해 주옵소서.

중·고등부 학생들의 국내외 비전트립을 통해 더 큰 세상에 대해 눈을 뜨고 영적 비전과 안목을 넓혀 장차 우리나라와 한국 교회를 이끌어 갈 소중한 인재들이 되게 하옵소서.

주일학교가 무너지고 믿음의 계승이 안 되어 유럽 교회가 쇠퇴한 것을 교훈 삼아 다음 세대를 잘 양육하여 소중한 믿음을 후대에 물려주는 교회가 되게 하옵소서.

교회적으로는 영적 흉년으로 하나님과의 관계가 단절되고, 국가적으로는 육적 흉년으로 곡간이 비어 가는 데 오늘날 영육 간의 가뭄을 만난 한국과 한국 교회를 향하여 하늘 문을 열어 달라고 온몸으로 부르짖게 하옵소서.

우리 편이면 거짓도 불법도 다 무죄라고 선동하는 자들의 세상이 되지 않도록 법과 정의와 원칙이 살아 있는 나라가 되게 하옵소서.

북한은 핵무기와 미사일을 단념하고 인권과 복지 증진에 나서서 한반도에 평화 통일이 기적처럼 실현되게 하옵소서.

온갖 걱정 근심 아픔을 모두 주님께 맡기고 가족과 이웃과 온 민족이 더불어 오손도손 즐거운 설날이 되도록 은혜를 베풀어 주시길 간절히 빌고 원하오며 예수 그리스도 이름으로 기도합니다. 아멘.

(2020. 1. 19. 주일예배)

자족하는
은혜

　흑암과 사망의 땅에서 멸시와 천대를 받으며 살고 있던 인간들에게 새 생명과 소망의 빛으로 오신 주님께 무릎을 꿇고 경배합니다.

　예수님의 탄생은 우리에게 하나님의 가장 귀하고 큰 선물이 되셨고 죄 사함의 은혜가 되셨고 어둠의 권세를 이기게 하시려고 참 빛이 되셔서 임마누엘로 오신 주님께 감사 드립니다.

　성탄의 의미가 점점 퇴색해가는 시대에 보배합을 열거나 옥합을 깨트려 우리가 가진 가장 귀한 것으로 주님을 기쁘게 맞이하게 하옵소서.

　사업의 실패로 생활고를 겪거나, 질병 치료나 병구완에 지치거나, 불의의 사고나 질병으로 가족을 잃고 슬픔을 당했거나, 삶의 의미를 상실하고 깊은 절망에 빠진 성도들을 이번 성탄절에 치료하고 회복하게 하옵소서.

　환난과 고난의 터널을 지날 때도 결코 낙망하거나 좌절하지 말고 늘 우리와 함께하시는 하나님만을 의지하게 하옵소서.

하나님을 영화롭게 하고, 하나님을 영원토록 즐거워하는 기쁨의 예배가 되기를 원합니다.

주의 사자를 통해 선포되는 생명의 말씀이 우리의 지성을 적시고 감성을 적시고 의지를 적시어 심령 구석구석 배어들고 스며들어 영적 근육이 되게 하옵소서.

자신이 갖지 못한 것을 끊임없이 비관하면서, 다른 사람의 형편과 자신의 처지를 비교하면서 시험에 들지 않게 하시고 작은 것에도 감사하고 자족하는 은혜를 베풀어 주옵소서.

초대 교회부터 오늘날까지 신앙인들은 믿음과 행동, 말씀과 삶의 일치라는 숙제를 놓고 씨름하고 괴로워해 왔습니다. 오늘도 우리는 말씀대로 살겠다는 굳은 신념과 의지로 신행 일치의 모범 교인이 되게 하옵소서.

양육과 영성 훈련을 통하여 성도들이 건강해지고, 말씀 안에서 순종하고, 갱신하여 부흥의 열매를 맺게 하시고, 이웃을 도와 그 열매를 나누게 하옵소서.

에벤에셀의 하나님께서 여기까지 도우셨고, 현재에도 임마누엘의 하나님께서 함께하시고, 새해에도 여호와 이레로 교회와 성도들의 가정을 지키시고 희망의 길로 인도하여 주옵소서.

우리 교회가 가슴이 찢어질 듯이 아플 때 해어진 옷을 깁는 심정으로 마음을 기워 주고 안아 주는 치유와 회복의 거룩한 공간이 되기를 원합니다.

중·고등부로, 대학·청년부로 올라갈 때 한 사람의 이탈자나 한 영혼의 낙오자도 없이 온전한 믿음의 연계가 이루어지도록 각별한 관심과 지도를 원합니다.

은혜를 망각한 사람, 감사를 잃어버린 사람들에게 그들은 대체 어디에 있느냐고 오늘도 찾고 계시는 하나님, 받은 직분을 부담스러워하거나 거추장스러운 것으로 여기지 말고 감사하여 충성하는 성도들이 되게 하옵소서.

느헤미야와 다니엘처럼 국가를 위해 염려하고 기도하고 헌신하는 하나님의 백성들이 되게 하시고 평화 통일이 되어 열방을 위한 제사장 나라로 쓰임 받게 하옵소서.

하늘에 영광, 땅 위에 평화이신 예수 그리스도 이름으로 기도합니다. 아멘.

(2019. 12. 22. 주일예배)

불꽃 같은 눈으로 보고 계시는 하나님,
개인이나 교회나 국가의 불의, 부정, 부패로 인해
에스겔 시대의 긍휼 없는 하나님의 진노가
이 시대에 임하지 않도록
회개하고 돌이키기를 원합니다.

생명나무의
열두 가지 열매와 이파리

죄로부터 자유를 주시려고 제사장으로 오셨고 율법으로부터 자유를 주시려고 선지자로 오셨고 왕권 회복을 위해 왕으로 오신 예수님께 찬양과 경배를 드립니다.

우리가 예수 믿어 구원받게 된 것은 우리의 노력이 아니라 하나님의 은혜임을 감사 드립니다.

오직 하나님의 은혜만을 의지해야 하는 전적으로 타락한 죄인임을 고백하고 마음을 찢으며 각성하는 회개의 예배가 되게 하옵소서.

사랑이 식고 형제를 미워하고 말씀이 변질하기 시작한 초대 교회가 아닌, 마가의 다락방에서 성령 강림을 체험한 후 마음을 같이 하고 모이기를 힘쓰고 하나님만 찬미했던 첫 교회를 닮아가게 하옵소서.

주의 종을 축복하시고 이미 솔선하여 구현한 삶의 그릇 속에 담은 공감의 설교로 성도들에게 심령과 골수를 쪼개는 말씀의 은혜를 체험하게 하시어 사랑과 존경과 신뢰를 받는 목자가 되게 하옵소서.

추수감사주일에 초청받은 영혼들, 일회성으로 그치지 않게 하시고 주님을 영접하여 영혼을 추수하는 감사절의 귀한 열매들이 되게 하옵소서.

한때는 믿음이 좋다는데 지금은 시험에 들어 교회를 등진 사람들을 불쌍히 여기시고 믿음을 회복하여 하나님 곁으로 돌아와 종교 생활이 아닌 진정한 신앙생활을 하게 하옵소서.

유리 같이 깨지기 쉬운 인생이지만, 성령의 강한 불로 연단하여 강철 같은 믿음이 되게 해 주옵소서.

항상 죽음에 직면해 있는 인생으로서 준비 없이 죽음을 맞이한 어리석은 부자가 되지 않도록 교만하지도 않고 방심하지도 않는 죽을 준비, 하나님 앞에 설 준비를 철저히 하는 지혜로운 신앙인이 되게 하옵소서.

하나님의 보좌로부터 흐르는 생명수, 생명나무의 열두 가지 열매와 이파리로 영육 간에 연약한 저희를 치료해 주옵소서.

평생 예배당 언저리를 맴돌며 주인이신 그리스도를 스치고 지나가지 말고 주님을 만나고 싶어 뽕나무 위에 올라간 삭개오처럼 열정적으로 주님을 사모하며 동행하는 성도가 되기를 원합니다.

오늘날 교회에 대한 시선이 곱지 않은 면도 있지만 누가 뭐라고 해도 교회는 이 시대를 밝히고 민족을 살리고 통일을 이룰 희망이자 등불입니다. 뼈를 깎는 회개와 성찰로 주께서 이 땅에 세우시기를 원하셨던 바로 그 교회가 되게 하옵소서.

직장과 삶의 현장에서 힘겹게 살아가는 성도들과 공감하며 어울리고 그들의 고민에 귀를 기울이는 교회 공동체가 되게 하옵소서.

기독교 선교가 쉽지 않은, 자기방어가 강한 불교의 나라 미얀마에 파송된 이상종 선교사를 축복하시고 불교 신앙이 형성되기 전인 미취학 어린이를 위한 유치원 사역이 버마족 선교의 디딤돌이 되게 하옵소서.

국방의 의무를 수행 중인 자녀들, 사고 없는 안전한 병영이 되게 하시고 군 선교사들이 명실상부한 군 선교의 역군으로 전군 복음화를 위해 전문적이고 지속적인 선교 사역이 되도록 그들을 도와주옵소서.

예수 그리스도 이름으로 기도합니다. 아멘.

(2019. 11. 24. 주일예배)

Prayer / 22 /

천국
식탁

전적으로 타락하여 도무지 용서를 받을 수 없는 우리를 택하시고 천국 길로 인도하여 주시는 하나님께 찬송과 경배로 영광을 돌립니다.

허물과 잘못을 깨달아 깊이 뉘우치고 회개에 합당한 열매를 맺게 하옵소서.

성찬식을 통하여 천국 식탁을 보게 하시고 자신을 성찰하며 우리를 그리스도와 하나가 되게 하옵소서.

예수님이 우리의 죄를 대신 짊어지시고 흠 없는 어린양으로 하나님께 드려졌음을 기억하며 구속의 은총과 사랑에 늘 감사 드립니다.

우리는 그리스도의 신부로서 순결한 성도가 되어 죄인의 악취가 아니라 영성의 향기를 풍기게 하시고 모든 성도가 주께서 부르시는 마지막 순간까지 섬기는 자들이 되게 하옵소서.

예배 가운데 성령께서 임재하시어 하나님에 대한 첫사랑을 회복하고 자기를 부인하며 십자가를 지고 주님을 따르는 참다운 기독인이 되게 하옵소서.

몸과 마음이 상한 자를 고치시는 주님, 치유의 말씀과 회복의 찬송으로 영과 육을 깨끗하게 치료하여 주옵소서.

완악한 인간이라 말씀이 홍수처럼 범람하는 시대에도 눈을 감고 귀를 막고 있습니다. 눈을 뜨고 마음을 열어 깨달아 하나님 말씀이 삶으로 연결되기를 원합니다.

인류를 위해 자신의 목숨을 아낌없이 주신 참 목자이신 예수님, 맹수 앞에서 양을 버리는 삯꾼 목자가 아니라 주께서 맡기신 양 떼를 헌신적으로 돌보는 한국 교회의 참 목자들이 되게 하옵소서.

복음 앞에서 눈 감고 귀 막은 불쌍한 영혼들을 성령께서 일깨워 주셔서 오이코스 초청 잔치를 통하여 그리스도를 영접하게 하옵소서.

우리의 가정이 예수님을 머리로 하는 거룩한 예배의 공동체, 믿음의 공동체, 사랑의 공동체가 되게 해 주옵소서.

한국 교회 부흥의 상징이고 근대화의 등불이었던 첨탑의 십자가가 빛을 잃어가고 있습니다. 무관심하고 손가락질까지 하는 십자가의 거룩한 영성을 회복하기 위해 초심으로 돌아가 세속화를 뉘우치는 자정의 노력이 있게 하옵소서.

종교가 없는 사람들이 인구의 절반을 넘어가는 지금, 교회는 바깥의 목소리에 적극적으로 귀를 열고 지도자들의 뼈를 깎는 자기희생과 솔선수범, 신행 일치의 삶으로 신뢰를 회복하여 예수 믿는 것이 자랑스러운 한국 사회가 되게 하옵소서.

선교 100년 만에 세계 2위 선교 대국의 명성이 무색하게 중·고·대학생의 3%만 기독교인이라는 충격적인 통계 앞에서 미전도 종족으로 전락한 다음 세대를 전도할 능력과 지혜를 주옵소서.

신사참배의 우상 숭배에 대한 뼈저린 회개로 평양 대부흥 운동이 일어났던 장대현 교회 자리에 서 있는 김일성 동상이 무너지고 교회가 재건되기를 간절히 빌고 원합니다.

사랑과 공의의 삶을 통해 하나님 나라를 이 땅 위에서 실현해가며 세속 문화에 물들지 않는 성별 된 교회가 되어 하나님이 기뻐하시는 교회, 형통의 복을 누리는 연제제일교회가 되게 하옵소서.

예수 그리스도 이름으로 기도드립니다. 아멘.

(2019. 10. 27. 주일예배)

빛의 삼원색
신자

아담 안에서 타락한 온 인류가 멸망할 수밖에 없으나 택하여 구원의 은혜를 베풀어 주신 삼위 하나님께 영광과 찬양과 경배를 드립니다.

의지가 약하여 말씀대로 실천하지 못하는 허물 많은 저희를 용서하여 주옵소서.

두려워 말라고 말씀하시며 영육 간의 필요를 채워 주시고 도와주시는 하나님께 감사하며 절망을 넘어 언제나 희망을 노래하게 하옵소서.

수많은 삶의 문제에 지쳐 있는 교우들에게 참된 평안과 깊은 영성과 신령한 은혜를 제공하는 축제 같은 예배가 되게 하옵소서.

귀하게 쓰시는 사자에게 절대 변하지 않는 복음의 본질을 시대에 맞는 그릇에 담아 효과적으로 전할 수 있는 능력과 지혜를 주시고 오늘도 신령한 말씀에 우리 모두 변화되게 하옵소서.

양들을 위하여 목숨을 버릴 수 있는 선한 목자가 되게 하시고 우리 밖에 있는 양들까지 사랑으로 포용하며 목자는 양의 음성을 듣고 양은 목자의 음성을 들으며 서로 믿고 따르는 신령한 목장이 되게 하옵소서.

생계조차 어려운 농어촌 교회에서 헌신하고 있는 목회자들과 자녀들을 위로하시고 궁핍한 환경 속에서도 보람과 기쁨을 잃지 않게 하옵소서.
히스기야의 눈물을 보시고 그의 질병을 고쳐 주신 것처럼 병이 낫기를 위해 눈물로 기도하는 교우들의 크고 작은 질병을 치료하여 주옵소서.
온갖 박해를 피해 깜깜한 동굴에서 살았지만 언제나 마음은 하늘을 향했고 주님 없이는 살 수 없었던 초대 교회 성도들처럼 현실이 카타콤 동굴처럼 열악하더라도 오직 하나님만 바라보고 사모하는 기독인이 되기를 원합니다.

과학의 발전과 물질의 풍요로 또 다른 바벨탑을 쌓으며 텔레비전이나 컴퓨터나 휴대폰 앞에서 넋을 잃고 하나님과 멀어져 가고 있지 않은지 뒤돌아보게 하옵소서.
참 빛으로 오신 주님, 빨강 초록 파랑이란 빛의 삼원색이 모이면 하얀색이 되듯이 우리도 모이고 섞이면 오히려 맑아지고 밝아지고 깨끗해지는 빛의 삼원색 같은 신자가 되게 하옵소서.
우리의 수고가 주 안에서 헛되지 않은 줄 믿고 항상 주의 일에 힘쓰는 성도가 되게 하옵소서.
신앙생활에 대한 열심이 탕자 동생보다 낫다고 생각하는 형과 같이 자칫 자기 우월적 신앙의 태도가 되지 않도록 항상 낮은 자세에서 겸손하게 하나님을 섬기는 일꾼이 되게 하옵소서.

진리를 수호하고 복음을 전하기 위해 순교한 수많은 선진들의 피가 얼마나 값진가를 기억하고 우리도 그들의 순교의 믿음을 본받기 원합니다.

물질과 권력을 추구하는 세상의 가치를 따르지 말고 하나님 나라의 가치를 추구하며 예수님이 보여 주신 섬김의 지도력을 본받게 하옵소서.

대한 제국 당시부터 기독인들의 기도 제목이었고 뜻있는 민족 지도자들이 그토록 염원했던 기독교 신앙에 기초한 온전한 기독교 국가와 통일 국가가 이 땅에 수립되기를 소원하며 예수 그리스도 이름으로 기도드립니다. 아멘.

(2019. 9. 29. 주일예배)

Prayer / 24 /

변질이 아닌
변화되어 가는 신앙인

이 땅에 성전으로 오셨고 제사장으로 오셨고 제물로 오셔서 모든 제사를 완성하신 예수님께 찬양과 경배를 드립니다.

우리가 때로는 하나님의 자리에 앉아 하나님 없이도 살 수 있다는 오만의 바벨탑을 쌓고 있지 않은지 성찰, 회개하고 겸손과 인내로 이 교회에 보내신 하나님의 뜻을 생각하며 변질이 아닌 변화되어 가는 신앙인이 되기를 원합니다.

밀알의 단단한 껍질이 부서져야 하얀 밀가루가 나오듯이 자기를 부수고 자아를 깨뜨려 드리는 순백의 예배가 되게 하옵소서.

말씀을 선포하는 주님의 사자의 신원을 강건하게 하시고 지존하신 하나님의 말씀 앞에 머리를 숙이고 하나님의 뜻이 무엇인지, 하나님의 뜻이 어디에 있는지 보고 듣고 깨닫는 시간이 되기를 원합니다.

강요나 교육이 아니라 진심으로 존경받는 목자가 되게 하시고 순수 복음만을 외치고 베풀고 섬기는 목자가 되게 하옵소서.

물질이 말씀보다 우선하면 인간이 타락하기 시작하듯이 하나님이 허락하신 물질을 숭배하여 물질이 저주받은 금단의 열매가 되지 않게 하옵소서.

나사로의 무덤 앞에서, 그리고 예루살렘 멸망을 앞두고 눈물을 흘리신 예수님, 말씀대로 살지 못하는 자신을 위해서, 맛 잃은 소금이 되어가는 한국 교회를 위해서, 총체적인 위기의 조국과 민족을 위해서 눈물을 흘리며 하나님의 긍휼과 자비를 구하는 성도가 되게 하옵소서.

천지를 만드시고 다스리시는 전능하신 창조주 하나님을 믿지 못하는 사람들에게 다가가서 그들을 주께로 인도할 수 있는 믿음과 용기를 주옵소서.

주님의 일에 자신이 아니라 하나님의 영광이 드러나며 불평과 원망이 아니라 은혜와 감사의 봉사자가 되게 하옵소서.

이름처럼 기쁨으로 가득해야 할 나오미의 인생이 실상은 가는 곳마다 고통과 절망으로 점철된 마라의 인생이었지만 희망과 기쁨의 인생으로 역전시킨 여호와의 주권적 은혜를 어려움을 당하고 있는 교우들에게도 베풀어 주옵소서.

성경은 심은 대로 거둔다고 하셨는데, 심은 것이 없어 거둘 것이 없는 게으른 농부가 되지 않게 하옵소서.

양육 과정을 통해서 믿음이 견고해지고 문화 학교를 통해서 전도가 되며 여호수아와 다윗 같은 인재가 양육되기를 간절히 기도합니다.

다문화 사회로 바뀌는 시대에 한국 교회가 이주민들이 어렵고 힘든 일을 겪을 때 믿고 찾는 좋은 이웃이 되고 하나님께서 그들의 심령에 역사하시어 이주민 선교가 열매를 맺게 하옵소서.

우리는 하나님의 구속 역사를 기억하고 예수 그리스도의 탄생과 죽음 그리고 부활과 승천과 재림을 기억하고 항상 창조주 하나님과 그의 자녀임을 기억하게 하옵소서.

우리와 함께 신앙생활을 하던 형제가 하나님을 부름을 받아 소천했사오니 유가족을 위로하시고 앞날을 순탄하게 하시며 아직도 믿지 않는 가족이 있다면 구원의 은혜를 베풀어 주옵소서.

예수 그리스도 이름으로 기도드립니다. 아멘.

(2019. 9. 1. 주일예배)

헌신하는
나실인

타락한 우리를 구원하시기 위해 구원을 계획하신 성부 하나님, 구원을 실행하신 성자 하나님, 구원을 적용하신 성령 하나님께 찬송과 경배를 드립니다.

삼복의 무더위에 영적으로 육적으로 강건하게 하시고 찌는 듯한 무더위 속에서 영과 육의 오곡백과가 무르익어 가고 있음에 불평 대신 감사가 넘치는 여름이 되게 하옵소서.

우리의 죄를 회개 자복하며 간절한 마음으로 부르짖어 기도하오니 이 나라를 치료하고 보우하여 주옵소서.

말씀을 듣지만 실천은 없고, 예배의 자리에 앉아 있지만 마음은 세상으로 떠나 경건을 상실한 주님이 없는 예배가 되지 않게 하옵소서.

도저히 넘을 수 없을 것 같은 시련과 역경의 장벽 앞에 선 교우들에게 말씀과 기도의 능력으로, 절망을 소망으로, 슬픔을 기쁨으로, 미움을 사랑으로 변화시켜 주옵소서.

사람에게 받은 상처, 환경 때문에 당한 고통, 육신의 질병을 가지고 예배의 자리로 나왔사오니 십자가의 주님을 만나 치료와 회복의 손길이 임하길 간절히 기도드립니다.

예레미야가 고난받던 감옥이 바로 은혜를 체험하는 장소가 되었듯이 우리가 어떤 고난을 겪고 있다면 그때, 그곳에서 주님을 만나는 기회가 되게 하옵소서.

이단으로부터 미혹의 대상이 되고 이단의 먹이가 되지 않도록 분명한 구원의 확신을 갖고 마귀와 이단을 굴복시키는 믿음의 사람이 되게 하옵소서.

자신의 몸과 마음을 세상으로부터 성별하여 하나님께 전폭적으로 헌신하는 나실인이 되기를 원합니다.

포도나무이신 예수님께 견고하게 붙어 복음의 영광을 누리고 들포도가 아닌 극상품 포도 열매를 맺는 가지가 되어 포도원의 주인이신 하나님 아버지를 기쁘시게 하는 성도가 되게 하옵소서.

죄와 허물로 죽었던 우리를 다시 살리셨다는 놀라운 복음의 소식이 앞집, 뒷집, 북한, 미전도 종족에 이르기까지 널리 전해지기를 소원합니다.

한국 교회를 깨우고 열악한 환경 가운데 분투하는 수많은 미자립 교회를 격려하고 토닥거리는 교회가 되게 하옵소서.

주일학교 교사들의 눈물과 땀방울이 변해가는 다음 세대들에게 믿음의 자양분이 되게 하시고 계속되는 주일학교 여름 사역을 통해서 어린 영혼들의 신앙이 성숙하고 회심하고 소명을 받드는 알찬 수확이 있기를 기도합니다.

믿고 따르는 수많은 양의 순수한 가슴에 멍이 들지 않도록, 거룩하신 여호와 하나님 아버지의 이름에 누가 되지 않도록 도덕과 윤리를 회복하여 불신자들도 신뢰하는 한국 교회 목자와 지도자들이 되게 하여 주옵소서.

이제 '주시옵소서'의 단계가 아닌 '받으시옵소서'의 단계로 믿음이 성장하여 내가 가진 값진 것을 하나님께 드리는 성도가 되게 하옵소서.

죄로부터 해방되고 영생의 열매를 맺게 하신 예수 그리스도의 지상에서의 마지막 유월절을 떠올리며 광복의 달을 맞이합니다.

우리의 정신과 문화를 되찾고 통일을 이룩하고 모든 면에서 실력으로, 국력으로 당당하게 일본을 능가하여 진정한 의미의 광복이 이루어지기를 소원하며 예수 그리스도 이름으로 기도드립니다. 아멘.

(2019. 8. 4. 주일예배)

저출산의
재앙

　별다른 수고를 안 해도 하루에 수없이 숨을 쉬고, 수없이 혈액은 흐르고, 수없이 심장은 뛰어 날마다 생명의 고동 소리를 듣게 하시는 오묘하신 창조주 하나님께 감사와 영광을 돌립니다.
　지난 반년 동안 가정과 자녀, 직장과 사업, 그리고 범사에 베풀어 주신 하나님의 은혜와 사랑에 감사하여 보잘것없지만 수고하여 거둔 첫 열매를 드리오니 받아 주옵소서.

　이 땅의 모든 것이 해 아래 새것이 없고 모든 수고가 바람을 잡으려는 것처럼 헛되다 하더라도 하나님만이 유일한 신앙의 대상임을 고백합니다.
　구원받은 신자로서 무기력한 삶을 청산하고 기독인으로서의 자존감을 회복하여 하나님을 바르게 예배함으로 예배가 삶이 되고 삶이 예배가 되게 하옵소서.

　주님의 사자를 먼저 하나님의 영에 감동하게 하시고 진리의 말씀에 쉽고 따뜻한 이야기의 옷을 입혀 가슴을 두드리는 감동과 은혜와 치유의 설교가 되게 하옵소서.

교회에서 가장 아름다운 이름은 장로·권사가 아니라 아버지가 하나님이신 형제자매입니다. 우리 교회는 탕자 비유의 큰아들이 잃어버린 형제 의식을 되찾아 직분 공동체가 아닌 가족 공동체가 되게 하옵소서.

저출산의 재앙이 쓰나미처럼 몰려오고 있는데 교인들은 솔선하여 출산율을 높이고, 주일학교 교사들은 어린 영혼을 위해 더욱 열정을 쏟고, 교회는 이들을 철저히 교육하여 믿음의 인재를 길러내는 건강한 교회가 되게 하옵소서.

교회가 그토록 바라는 천국의 모형이 되도록 어린 자녀들이 주의 전에서 즐거이 뛰어놀고 그들의 웃음소리가 가득한 성소가 되기를 소망합니다.

믿음이 깊어지면 염려가 사라지고 염려가 많아지면 믿음이 약해집니다. 내일을 염려하여 믿음을 죽이지 말고 반석 같은 믿음으로 근심 걱정이 우리를 떠나게 하옵소서.

질병으로 육신의 아픔을 겪고 있는 교우들, 약물 치료 입원 치료를 받을 때 주님의 위로와 격려와 자비가 임하여 치유의 은혜를 베풀어 주시고 장애를 겪는 이들이 예수님을 통해 소망을 갖고 새 힘을 얻게 하옵소서.

소리 없이 세상을 떠받치는 것이 기독인의 역할이라면 누군가가 말없이 헌신하는 우리의 진실한 삶에 감동하여 주님을 영접하는 이웃들이 늘어나게 하옵소서.

사정이 열악하지만 한 영혼에 대한 소중함과 간절함은 그 누구보다 뜨거운 개척 교회 목회자들의 심정으로 한 영혼이라도 소홀함이 없기를 소망합니다.

찬양은 하나님께 대한 감격으로 나오는 반응이며 신앙고백이라는 사실을 기억하고 감사가 녹아 있는 찬양의 삶을 살게 하옵소서.

임종의 순간에도 찬송하게 하시고, 자신의 생명을 주께 의탁하고 완전한 신앙을 고백하며 삶을 마감할 수 있는 성도가 되게 하옵소서.

수출은 급락하고 경제는 불황이며 외교는 고립되고 나라의 안보가 허물어지는 국가적 위기에 위정자들은 나라를 살리는 리더십을 발휘하게 하시고, 모든 군관민이 각성하고 회개하여 이 난국을 극복하게 하옵소서.

예수 그리스도 이름으로 기도드립니다. 아멘.

(2019. 7. 7. 주일예배)

아담의 옆구리
예수의 옆구리

십자가를 지심으로 우리의 죗값을 다 지불하시고 은혜의 보좌 앞에 나아가도록 휘장 가운데로 새 삶의 길을 열어 놓으신 삼위 하나님께 찬송과 경배를 드리고 영광을 돌립니다.

우리의 허물과 죄를 덮는 하나님의 거룩한 옷자락, 죄인을 부르시고 영적 이스라엘이 되게 하시는 하나님의 놀라운 사랑이 진정한 은혜임을 고백하고 감사를 드립니다.

이 세상은 죄악이 지천으로 널려 있기에 조심하고 경계하지 않으면 언제 죄를 범할지 모릅니다. 항상 성령과의 동행으로 끊임없이 자신을 성찰하고 회개하여 더욱 정결하고 거룩한 삶을 살게 하옵소서.

종교가 아니라 삶을 개혁하고자 했던 종교개혁자들처럼 말씀을 절대 표준으로 삼아 생각을 바꾸고 가치관을 바꾸고 삶을 바꾸어 늘 새롭고 활기찬 기독인이 되기를 원합니다.

선포되는 말씀에 능력을 베푸시고 믿음의 귀를 열어 주님의 말씀을 듣고 회복하게 하시어 마음에 응어리졌던 것들이 다 풀리는 치유의 예배가 되기를 원합니다.

구하면 주신다고 말씀하신 하나님께서 응답의 기쁨을 허락하실 줄 믿고 상처받은 영혼들의 회복과 질병으로 고통받는 영혼들의 치유를 간구하오니 자비를 베풀어 주옵소서.

우리에게는 믿음이 없으면 언제나 염려와 절망뿐입니다. 믿음을 갉아 먹는 모든 염려를 하나님께 맡기고 평안을 얻는 믿음의 사람이 되게 하옵소서.

아담의 찢어진 옆구리에서 가정 공동체를 만드시고 예수님의 찢어진 옆구리에서 교회 공동체를 만드셨는데 사탄은 끊임없이 가정과 교회를 파괴하려고 흔들기에 주님께서 서로 사랑하라고 말씀하신 것을 명심하여 두 공동체를 사랑으로 굳건히 지키고 아름답게 가꾸기를 원합니다.

탕자 아들의 의로움 때문이 아니라 살아 돌아온 아들이 기뻐서 벌이는 아버지의 용서와 사랑의 잔치처럼 영혼 구원의 천국 잔치를 주일마다 베푸는 교회가 되게 하옵소서.

사막에 강을, 광야에 길을 내시는 창의적이신 하나님, 우리 교회가 새 일을 행하는 창의적인 공동체가 되어 젊은 세대를 품고 세상이 꼭 필요한 인재를 양성하게 하옵소서.

고령 사회가 되면서 연로하거나 몸이 불편한 교우들에 대한 목회적 배려가 필요한 때입니다. 특별히 노후의 건강을 지켜주시고 삶의 의욕을 북돋우어 주시고 천국 소망을 잃지 않도록 노약자에 대한 각별한 목회가 이루어지기를 원합니다.

어려운 여건에서 복음 사명을 감당하는 미자립 교회, 농어촌 교회를 돌아보게 하시고 그들을 살리는 일에 우리의 적은 힘들이 보탬이 되기를 원합니다.

하나님의 뜻이 땅에서 이루어지길 바라며 무지몽매하고 우상을 섬기던 열악한 이 땅에 와서 헌신과 희생을 몸소 실천했던 외국인 선교사들의 숭고한 신앙 정신을 본받게 하옵소서.

조국을 지키다가 희생당한 순국선열과 전몰장병의 숭고한 호국 정신을 기억하고 감사하며 애국 애족하는 신앙인이 되게 하옵소서.

남한과 북한에 있는 활과 칼을 모두 꺾어버리시어 북한 지하 교회와 무너진 교회들을 재건하고 남북 교회가 교류 협력하여 복음으로 평화 통일이 되기를 간절히 빌고 원하오며 예수 그리스도 이름으로 기도드립니다. 아멘.

(2019. 6. 9. 주일예배)

Prayer / 28 /

연단된
믿음의 사람

지존하시고 거룩하신 여호와 하나님, 우리의 죄를 십자가에 못 박고 죄의 굴레에서 벗어나게 하심을 감사 드립니다.

때로는 총회도 총신도 교회도 하나님이 없는 것처럼 활동하는 때가 있습니다. 자기중심적이며 물질 지향적인 인본주의 삶을 회개하고 여호와 하나님만을 믿고 의지하며 경외하고 경배하게 하옵소서.

주권자 되시는 하나님 앞에서 잠시 관리자인 것을 잊고 물질을 주님의 자리에 올려놓고 섬기는 어리석은 그리스도인이 되지 않게 하옵소서.

권위가 아닌 섬기는 목회자들이 되게 하시고 주께 최선을 다하여 헌신하는 산 예배자의 삶을 사는 성도들이 되게 하옵소서.

오늘도 말씀을 통해 우리의 가슴을 뜨겁게 하시고 우리의 사명을 깨닫게 하셔서 세상으로 파송되어 부활의 증인이 되게 하옵소서.

인간의 도리이자 하나님의 절대명령인 부모를 공경하며 평생 생명의 빚,

양육의 빚을 진 부모의 은혜를 잊지 말고 마음을 잘 헤아리는 자녀들이 되기를 원합니다.

기력이 쇠하고 고랑 같은 주름이 생기고 인지 장애가 있더라도 항상 부모를 소중하고 자랑스럽게 여기는 자녀들이 되게 하시고 아직도 불신자로 산다면 빨리 구원의 길로 인도하여 하나님의 백성이 되게 하옵소서.

그 무엇으로도 대체할 수 없고 외부의 환경에 따라, 상황에 따라 변하지 않는 소금 같은 그리스도인이 되기를 원합니다.

소리 나는 구리와 울리는 꽹과리가 되지 않도록 유창한 말과 현란한 몸짓이 아닌 서로 진심으로 존중하고 배려하여 인간관계가 회복되기를 원합니다.

우리는 불완전하여 완전한 사랑과 섬김의 삶을 살고 있지 못하더라도 그렇게 살아가려고 노력하는 기독인이 되게 하옵소서.

하루아침에 모든 사람으로부터 동정의 대상이 되고, 위로하기 위해 찾아온 사람들조차 낯설고, 눈물이나 신음조차 말라버린 극한의 고난 앞에서도 좌절하지 않고 견디게 하시어 고난도 선물임을 깨닫는 연단된 믿음의 사람들이 되게 하옵소서.

우리는 기적이라고들 말하지만 모두 하나님의 은혜 아닌 것이 없음을 고백합니다. 어려운 문제에 봉착한 교우들에게 기적 같은 하나님의 은혜를 베풀어 주옵소서.

우리 교회가 한국의 노트르담, 한국의 니콜라스교회의 꿈을 꾸면 안 될까요? 요셉의 형들이 요셉이 오는 것을 보고 꿈꾸는 자가 온다고 외친 것처럼 하나님을 전인격적으로 만나 꿈을 꾸는 성도와 교회가 되게 하옵소서.

하나님께서는 하나 되기를 원하시는데 우리는 갈라지고 깨어지고 나누어진 것을 회개함으로 남북과 여야가, 교단과 교회가 하나 되게 하옵소서.

할렐루야 찬양대의 찬양을 통하여 생명의 노래가 울려 퍼지게 하시고, 걱정과 근심과 사망의 권세를 물리치게 하시고, 하나님 홀로 영광 받으시옵소서.

진실한 마음으로, 정성을 다해 찬양대를 섬기게 하시고 섬김과 헌신이 힘겨울 때 구원의 은혜로 극복하게 하옵소서.

부모 공경을 인간에 대한 첫 계명으로 주시고 지키면 네가 잘되고 땅에서 장수하리라고 약속하신 말씀을 마음에 깊이 새기며 예수 그리스도 이름으로 기도드립니다. 아멘.

(2019. 5. 12. 주일예배)

현대판
금단의 열매

부활이 없다면 우리가 전파하는 복음도 헛되고 믿음도 헛되어 가장 불쌍한 사람이 되었을 우리에게 인류 역사상 가장 기쁜 소식을 전하신 예수님께 감사와 찬송과 경배를 드립니다.

인류의 최대 원수인 죄와 사망의 권세를 깨뜨린 이 부활의 소식을 온 세상에 널리 전하는 그리스도인들이 되게 하옵소서.

수가성 우물가에 먼저 오셔서 사마리아 여인을 기다리고 계셨던 것처럼 오늘도 이 예배의 자리에 먼저 오셔서 우리를 기다리고 계시는 예수님, 우리의 모든 문제를 꺼내 놓고 주께서 베푸실 자비와 긍휼의 은혜를 기대하며 예배에만 집중하게 하옵소서.

질병으로, 물질로, 여러 가지 삶의 문제로, 고통을 겪고 있는 교우들에게 부활의 기쁜 소식 앞에서 다 극복되는 은혜를 베풀어 주옵소서.

이 시간 선포하는 말씀을 듣고 신앙고백을 하며 주님의 살을 먹고 피를 마시는 성찬식에 참여하여 예수 그리스도가 내 안에, 내가 그리스도 안에 있는 온전한 믿음의 자녀들이 되게 하옵소서.

베푸는 목회, 섬기는 목회, 포용하는 목회로 교회 안과 밖의 모든 사람에게 칭송받는 목회자가 되게 해 주옵소서.

야긴과 보아스처럼 자신의 이름과 공로를 드러내지 않고 자기를 부인하고 하나님께 모든 영광을 돌리는 신앙인이 되게 하옵소서.

우리가 가진 하찮은 달란트라도 주님을 위해, 교회를 위해 소중하게 쓰임 받기를 원합니다.

하나님께 순종하고 고난 중에도 흔들리지 않으시며 사랑과 겸손과 시험을 극복하는 본보기가 되신 예수 그리스도의 형상을 그대로 닮아가게 하옵소서.

우리가 인생을 살면서 절망할 수밖에 없는 위기의 순간이 와도 뒤로 물러서거나 좌절하지 말고 영적인 씨름에서 반드시 이길 수 있는 견고한 믿음의 사람들이 되게 하옵소서.

붕괴하고 있는 다음 세대 신앙 교육을 위해 교회와 가정이 긴밀하게 연대하게 하시고 가정이 하나님의 말씀으로 양육할 중요한 신앙 교육의 장이 되게 하옵소서.

때로는 하나님으로부터 멀어지게 하고 일상생활이 불가능한 상태에 빠지게 하는 보암직하고 먹음직하고 탐스럽기도 한 현대판 금단의 열매인 인터넷, 스마트폰에 중독되지 않도록 우리 자녀들을 지켜주옵소서.

우리 교회 젊은이들이 순교자의 신앙을 본받아 하나님을 뜨겁게 사랑하고 세계를 복음화시키겠다는 큰 꿈을 갖게 하옵소서.

외형적으로 크고 높은 건물이 아니라, 내적으로 사랑과 은혜가 풍성하여 지역 사회와 세상에 좋은 영향력을 끼치는 교회가 되기를 원합니다.

3·8선이 총이 아닌 기도로 무너지게 하시고 이 민족이 평화의 기틀을 마련하여 동방의 예루살렘이었던 평양이 복음을 되찾고 교회가 재건되기를 간절히 기도합니다.

대형 산불 재해를 입은 강원도 피해 주민들을 위로하시고 하루빨리 일상생활로 돌아가 생업에 종사할 수 있도록 복구 지원에 최선을 다하기를 빌고 원하오며 예수 그리스도 이름으로 기도드립니다. 아멘.

(2019. 4. 14. 주일예배)

Prayer / 30 /

세계를 성전으로
민족을 제자로

하나님께서 창조하시고 통치하시는 온 세계가 하나님을 찬양하고 경배하고 영광 돌리는 거대한 성전이 되기를 기원합니다.

눈은 무엇을 보고 손은 무엇을 만졌는지, 입은 무엇을 말하고 머리는 무엇을 생각했는지 돌이켜 회개하는 시간이 되게 하옵소서.

항상 하나님을 영화롭게 하고 그를 영원토록 즐거워하는 것이 우리의 제일 되는 목적이 되게 하시고 외양간에 소가 없어도 구원의 주로 인하여 기뻐하고 행복하다고 고백하는 성도가 되게 하옵소서.

하나님께 먼저 정성을 다하고, 첫 열매와 첫 새끼를 드리고, 진솔한 믿음의 고백과 순전한 삶의 열매를 드려 주께서 기쁘게 받으시는 예배가 되게 하옵소서.

이 시간 자신을 비우고 깨끗한 마음의 그릇을 준비하여 은혜의 말씀으로 가득 채워 정갈하고 경건한 그리스도인이 되게 하옵소서.

하나님께서는 우리에게 새로운 한 해를 선물로 주셨는데 날마다 감사하며 의미 있는 시간이 되고 있습니까? 설령 우리 앞에 어떤 시련이나 장애물이 있더라도 두려워하지 말고 믿음으로 극복하게 하시고 천성문을 향하여 달려가게 하옵소서.

모든 직분자들은 반드시 사람이 아닌 하나님께서 맡기셨다는 청지기 의식을 가지고 맡은 일을 성실히 수행하게 하옵소서.

그리스도인은 언약의 자녀를 많이 낳아 신앙으로 교육하고 양육하고 훈련하여 한국 교회를 선도하는 인재들이 되기를 원합니다.

모든 민족을 주님의 제자로 삼으라는 지상 명령이 이루어지게 하시고 먼저 우리 자녀들과 교회 안의 청소년들을 제자로 키우는 일에 정성을 다하게 하옵소서.

교회가 제공하는 신앙 교육의 질이 높아지게 하시고 이 땅 기독인 부모들은 출세와 성공 지향적인 세속적 가치보다 먼저 신앙적 가치를 자녀들에게 가르치고 본을 보이게 하옵소서.

문화 학교를 통해 젊은이들이 모이고 교회와 사회를 이끌어가는 기독 인재들이 양성되고 지역민들이 함께 참여하여 전도의 방편이 되게 하옵소서.

선교사들을 추방하고 있는 어려움을 극복하고 중국 교회가 복음 안에서 바르게 성장하여 북한의 영성을 깨우는 다리가 되게 하시고 믿음의 선진들이 피땀을 흘린 북한 땅에 교회를 재건할 수 있도록 평화 통일을 허락하여 주옵소서.

입대한 우리 교회 청년들, 믿음으로 무장하여 제대할 때까지 안전하게 지켜주옵소서.

육군, 해군, 공군 62만 젊은이들이 그리스도의 품으로 돌아와 십자가 군병이 되어 육적, 영적으로 안보를 튼튼히 하고 나라와 세계 복음화의 초석이 되게 하옵소서.

세속적인 목적이 아니라 순수 복음을 전하는 부흥회가 되게 하시고, 우리의 갈급한 심령이 성령의 단비를 맞고 해갈하는 심령부흥회가 되게 하옵소서.

한국 교회에 심각한 반기독교적 정서와 공격이 해일처럼 몰려오고 있습니다. 세상의 조롱과 야유에 하나님의 영광이 가려지지 않도록 이단과 사탄의 공격을 물리치는 하나님의 정병들이 되게 하옵소서.

죄에서 우리를 구원하신 예수 그리스도 이름으로 기도드립니다. 아멘.

(2019. 3. 17. 주일예배)

그리스도의
순결한 신부

예수 그리스도께서 십자가에 달려 돌아가심으로 하나님과 인간 사이의 막힌 담을 헐고 구원의 길을 열어 주심을 감사합니다.

우주 만물을 지으시고 생사화복을 주관하시는 하나님의 영광이 하늘을 덮고 그를 향한 찬송이 온 세계에 가득하기를 기원합니다.

한국 교회와 교인들이 재물을 섬기지 않고 하나님만 섬기며 도덕적으로 흠이 없는 회개의 열매를 맺게 하옵소서.

사람 앞에서 선포하기 전에 먼저 하나님 앞에서 듣는 자가 되고 기도와 실천이 배어 있는 신령한 설교가 되게 하셔서 우리는 그 말씀을 듣고 믿고 행하여 주의 일에 기쁨으로 동참하게 하옵소서.

벧엘에서 야곱을 만나시고 그와 동행하시어 절망과 좌절에서 용기와 소망으로 바꾸어 주신 하나님, 한 해 동안 삶의 현장에서 교우들을 만나시고 동행하시어 약하고 무기력한 우리를 강하고 활력이 넘치는 신앙인으로 살아가게 하옵소서.

3·1 운동 100주년을 맞아 일본은 무력으로 우리를 지배했지만 우리는 사랑의 복음으로 그들을 품게 하옵소서.

복음 전파가 우리보다 빨랐고 순교자의 피가 흥건히 고여 있는 나라지만 아직도 영적 불모지인 일본 열도를 구원하여 주셔서 진심으로 과거 침략주의의 만행을 회개하게 하옵소서.

교회 안에 얽매이기 싫어서, 교인들이 배타적이고 이기적이어서, 목회자들에 대해 부정적인 생각으로 예수는 믿지만 기성 교회를 떠나는 기독인들이 늘어나고 있습니다. 우리가 먼저 회개하고 신앙 환경을 개선하여 더 큰 사랑의 손길로 그들을 다시 돌아오게 하옵소서.

교회 밖의 불신자보다 더 안타까운 것은 교회 안에 존재하는 불신자입니다. 우리는 더욱 신실하고 성숙한 신앙인이 되어 세상 사람들 앞에서 믿음의 본을 보이는, 걸어 다니는 교회로 살아가게 하옵소서.

하나님께서 도와주시면 이렇게 저렇게 하겠다고 서원하지만, 문제가 해결되어 평안하고 안정이 되면 영적으로 나태하여져서 주님의 크신 은혜를 까맣게 잊어버리는 성도가 되지 않게 하옵소서.

부모가 친히 자녀들을 제자 삼아 가정에서 주의 말씀을 잘 가르쳐 그리스도의 순결한 신부가 되어 평생 주님을 섬기는, 이 시대가 요구하는 하나님의 인재로 성장하게 하옵소서.

학교가 없어지고 지자체와 국가도 소멸할지 모르는 인구 절벽의 위기 앞에서 북만 치고 다녀도 어린이들이 몰려왔지만, 이제는 아무리 좋은 선물과 간식을 제공해도 별로 호응하지 않는 시대입니다. 인구 급감과 교회 학교의 침체 위기를 헤쳐나갈 묘안과 지혜를 주옵소서.

동역자들이 귀하고 생계마저 막막하기만 한 열악한 농어촌 목회자들에게 은총을 베푸시고 희망의 끈을 놓지 않게 하시어 가난한 농어촌 마을에도 교회가 소망의 빛과 영혼의 안식처가 되기를 원합니다.

　한국에 거주하는 외국인과 다문화 가정과 탈북 새터민 선교가 이 시대 선교의 기회가 되게 하시고 현지 선교 못지않게 더 큰 선교의 열매가 있도록 도와주옵소서.

　우리 교회 문화 교실이 더욱 내적으로 충실하고 널리 알려져 전도의 도구가 되게 하시고 기독 인재를 양성하는 산실이 되게 하옵소서.

　예수 그리스도 이름으로 기도드립니다. 아멘.

(2019. 2. 17. 주일예배)

믿음의
명문 가문

　우리는 죄를 지어서 죄인이 되었을 뿐만 아니라 근본이 죄인임을 고백하고, 우리 스스로 죄악을 근절할 수 없어 여호와께 오늘도 죄를 회개하오니 우리를 불쌍히 여기시고 용서해 주옵소서.

　우리 앞에 펼쳐진 새해의 하루하루가 하나님께서 우리에게 주신 기회의 시간이고 은혜의 선물임을 감사드리고 금년이 우리에게 주어진 마지막 해인 것처럼 소중하게 선용하여 개인의 꿈과 하나님의 뜻이 이루어지는 한 해가 되게 하옵소서.

　우리들은 예배를 구경하는 자가 되지 않게 하시고 참 예배자가 되어 말씀을 듣고 깨달아 삶의 현장에서 실천하는 생활 예배자가 되게 해 주옵소서.

　말씀을 대언할 사자에게 강대상 위에서의 말씀 선포가 능력이 있게 하시고 강대상 아래에서 성도와 상호 섬김의 관계가 되게 하시며 올해도 목회 사역이 형통하여 영육 간에 강건하기를 기도합니다.

건강 문제, 경제 문제, 가정 문제, 자녀 문제 그 밖의 여러 가지 문제로 두 손을 모으고, 또는 가슴을 치며, 또는 눈물로 부르짖는 교우들의 기도에 응답하여 주옵소서.

예수님의 말씀 안에 거하고, 사랑 안에 거하고, 기쁨 안에 거하여 참 포도나무이신 예수님께 접붙어 좋은 열매를 맺고 보람과 평안의 삶이 되게 하옵소서.

부모들이 가정에서 구약의 지상 명령인 자녀를 제자 삼아 철저한 신앙 교육으로 세대 간 신앙 전수가 이루어져 믿음의 명문 가문들이 되게 하옵소서.

마귀가 우는 사자같이 두루 다니며 삼킬 자를 찾고 있는 이때 마귀의 시험과 공격에서 이길 수 있도록 믿음을 굳건하게 하고 영적으로 깨어 있게 하옵소서.

유대 땅의 권력자였던 빌라도의 치욕적인 이름으로 남기보다는 비천했지만 믿음의 반열에 올랐던 기생 라합의 이름으로 남기를 원합니다.

해가 산마루를 넘어가는 하루의 마지막은 한 해의 마지막을 생각하게 하시고, 한 해의 마지막은 한 생애의 마지막을 생각하게 하시어 길지 않은 인생, 항상 마지막을 준비하는 지혜로운 삶을 살게 하옵소서.

학벌, 재산, 믿음의 연조나 용모, 그 무엇으로도 차별받지 않고 차별 의식을 느끼지 않는 교회가 되게 하옵소서.

미래 한국 교회 생태계가 건강하기 위해서 어린이와 청소년과 청년 세대의 회복이 시급합니다. 어린이와 청소년, 청년들을 가슴에 품고 목회에 매진하는 교회가 되기를 원합니다.

세상이 교회를 염려하는 시대가 끝나고 교회가 세상을 진심으로 걱정하며 민족을 섬기고 나라의 희망이 되는 한국 교회가 되게 하옵소서.

죽도록 충성하는 한국의 목회자들, 더욱 자기 관리에 철저하고 가정생활에 모범이 되고 교우들의 기도를 등에 업고 끊임없이 인격과 지성과 영성을 연마하여 교회 안에서뿐만 아니라 사회적으로도 존경받는 대한민국의 목자들이 되게 하옵소서.

북한에 있는 지하 성도들의 피눈물을 닦아 주시고 그들의 한 맺힌 절규를 너무 오래 외면하지 마시고 분단의 장벽이 무너져 평화 통일의 길을 열어 주옵소서.

예수 그리스도 이름으로 기도드립니다. 아멘.

(2019. 1. 20. 주일예배)

부흥의
밑거름

　지극히 높은 곳에서는 하나님께 영광, 땅에서는 하나님께서 기뻐하시는 사람들에게 평화라고 노래하는 천군 천사들의 찬미 소리가 점점 높아 갑니다.

　예수님을 사랑의 사자요, 화해의 중보자로 보내시어 우리를 구원하신 하나님의 은혜에 감사 드립니다.

　구원자 하나님, 연말에 지난날들을 뒤돌아보면 비틀거리며 살아온 삶의 발자국에 후회와 회개할 일만 가득합니다. 용서하시고 보다 나은 기독인으로 성화되기를 소망합니다.

　크리스마스 캐럴이나 트리가, 산타클로스 선물이나 파티가 성탄의 주인이 아니라 예수님이 성탄의 주인공이며 세상의 소망입니다. 우리는 그 거룩한 이름만을 외치며 성탄의 기쁜 소식을 널리 전하길 원합니다.

　영과 진리로 예배하는 자들을 찾으시는 하나님, 기쁨으로 예배의 자리에 나아오게 하시고, 기쁨으로 여호와 하나님을 섬기며 진실한 예배를 드려 오직 하나님께만 영광을 돌리는 시간 되게 하옵소서.

질병으로 고통받는 교우들의 상처를 성령께서 친히 어루만져 주시고 예배 중에도 하나님으로부터 치유의 은혜가 임하기를 간절히 기도합니다.

오늘도 삼위일체 하나님께서 설교 사역에 역사하시어 선포되는 말씀이 천하보다 귀한 생명을 사망에서 영생으로 인도하시고, 천국의 문을 여닫는 권세 있는 설교가 되게 하옵소서.

언제나 하나님의 말씀이 삶의 좌표가 되어 눈물이 감사가 되고 탄식이 찬송이 되고 아픔이 소망이 되기를 간절히 빌고 원합니다.

열방에서 헌신하고 있는 선교사들의 안전을 도모하고 식어가는 선교의 열정이 다시 뜨겁게 타오르도록 한국 교회에 선교의 불을 내려 주옵소서.

올해도 우리 곁을 떠난 사람들이 많은데 그래도 아직 우리를 남겨 두신 하나님의 뜻을 잘 헤아려 교회를 세워가고 하나님의 나라 확장에 적은 힘이나마 보탬이 되기를 원합니다.

교우들의 수고와 헌신이 교회 부흥의 밑거름이 되게 하시고 그들의 수고와 헌신을 통해 그리스도의 따스한 사랑이 이웃들에게 전해지기를 소망합니다.

공생애를 마감하면서 먼저 제자들의 발을 씻어 주는 섬김의 본을 보이신 예수님, 모두에게 유익이 되고 기쁨을 주며, 서로 사랑하고 섬기는 삶을 살게 하옵소서.

복음으로 통일이 되는 그날까지 하나님의 뜻이고 시대적 요청인 교회와 교단과 한국 교회가 하나 되어 소외된 계층을 섬기고 사랑의 복음을 전하는 일에 최선을 다하게 하옵소서.

우리의 죄와 우리 조상들의 죄를 회개 자복하고 그 적체된 죄들로 말미암아 나라가 위기에 처하지 않게 하시고 국태민안을 간절히 빌고 원합니다.

자기를 희생하고 남을 배려하며 함께 조화를 이루어 하나가 되는 할렐루야 찬양대가 되게 하시고 하나님께서 영광 받으시는 영감 있는 오늘의 찬양이 되게 하옵소서.

불 꺼진 차가운 방에도 자유가 없는 갇힌 곳에도 깊은 산골 오막살이에도 성탄의 기쁜 소식이 전해지기를 소원합니다.

시므온이 평생을 손꼽아 기다렸다가 만난 메시아, 우리를 구원하시고 인류의 죄를 용서하러 오신 그 예수님을 만나는 기쁜 성탄절이 되기를 간절히 빌고 원하오며 예수 그리스도 이름으로 기도드립니다. 아멘.

(2018. 12. 23. 주일예배)

진리의 불씨 생명의 불씨
사랑의 불씨

인자하심이 영원하시고 사랑과 은혜가 무한하신 하나님의 인간 구원을 감사하며 그의 이름을 송축하며 그의 영광을 노래합니다.

하나님의 뜻이 이루어지기를 구하지 못하고 때때로 현실적이고 물질적인 것을 구하는 저희를 불쌍히 여기시고 자비를 베풀어 주옵소서.

하나님과의 관계와 구원의 은혜를 점검하여 소홀했거나 잃어버린 감사를 회복하게 하시고 추수감사절에만 감사할 것이 아니라 하는 일마다, 고난과 질병 중에도 감사하는 성도가 되게 하옵소서.

우리가 드리는 예배가 주님을 간절히 사모하여 십자가에서 하나님의 대속의 형벌을 감당하신 예수님을 만나길 원합니다.

오늘도 말씀을 깨닫는 시간 되게 하시어 하나님의 말씀이 머리에만 머물러 있지 않게 하시고 머리에서 가슴으로, 가슴에서 다리로 옮겨져 신행 일치의 삶을 살게 하옵소서.

메마른 심령 위에 성령의 단비, 은혜의 단비를 부어 주셔서 강퍅한 마음에 생명이 깃들게 하시고 감사의 꽃을 피우게 하옵소서.

지치고 상한 심령을 치유하는 목회, 관계의 회복을 이루는 목회, 풍성한 영의 양식을 제공하는 목회 사역이 이루어지는 목장이 되게 하옵소서.

세상에 불을 던지러 왔노라 하신 예수님, 가는 곳마다, 하는 일마다, 만나는 사람마다 주께서 던지신 진리의 불씨, 생명의 불씨, 사랑의 불씨를 열심히 퍼뜨리는 소명자들이 되게 하옵소서.

우리는 젊은 날에도, 늙은 날에도 그 나름의 감당해야 할 사명이 있음을 잊지 말고 마지막 순간까지 열정적인 사명자로 살아가는, 노을 같은 아름다운 순례자가 되기를 원합니다.

오래 참고 견디는 것보다 중도에서 포기하는 것이 쉽고 편하다고 포기하고 후회하는 인생이 되지 않게 하옵소서.

예수님을 따르다가 날마다 순종하는 것이 힘들어 그만둔 수많은 낙심자들에게 아버지 품으로 다시 돌아오게 하시고 오이코스 초청 잔치에 참석한 사람들, 일회성이 아니라 지속적으로 품어 주시기를 간절히 기도합니다.

언제 어디서든지 만인 제사장이라는 정신으로 자신이 생활하고 있는 가정과 사회, 일터와 배움터에서 하나님 나라를 구현하는 신앙인이 되게 하옵소서.

포기하지 않고 집요하게 달려드는 이단과 사탄의 공격에서 넉넉히 승리할 수 있는 단련된 믿음의 근육자들이 되기를 원합니다.

사랑하는 사람들을 먼저 보내고 그리움에 힘들어하는 교우들을 위로하시고 그들이 떠난 빈자리에 하나님께서 늘 함께하시어 우리를 안고, 업고, 사랑하고, 지켜보고 계심을 믿고 사별의 아픔을 극복하게 하옵소서.

동방의 예루살렘 평양, 한국 최초의 예배당 소래 교회, 평안도 황해도 주민들이 누구보다 뜨겁게 믿었던 하나님의 자리에 김씨 일가가 앉아 온갖 만행을 자행하며 기독교가 멸절되었다고 선언한 북녘땅에도 지난날의 그 뜨거운 신앙의 불씨가 기적처럼 되살아나기를 빌고 또 빕니다.

정치, 경제, 사회, 교육, 국방이 궤도를 이탈하지 않도록 이 땅에도 반드시 하나님의 통치와 은혜가 임하게 하옵소서.

예수 그리스도 이름으로 기도드립니다. 아멘.

(2018. 11. 25. 주일예배)

소매 끝이 닳은
청빈한 목회

　구원의 계획을 이루시고자 십자가에 돌아가시고 부활하시고 승천하신 예수님께 영광을 돌리고 찬양과 경배를 드립니다.

　온전히 하나님을 영화롭게 하고 그의 나라와 의를 구하는 자들이 되어 하나님을 감동하게 하는 기독인이 되게 하옵소서.

　그리스도의 죽음을 기억하고 기념하면서 그분의 임재를 영적으로 경험하는 예배가 되게 하시고 그의 살과 피를 먹고 마심으로 영적 성숙을 이루어 가는 성찬 예식이 되게 하옵소서.

　오늘도 주의 사자를 통해 선포되는 하나님의 말씀이 혼과 영과 관절과 골수까지 뚫고 들어가 태풍을 만난 바다처럼 인간의 내면 바닥까지 흔들어 파헤쳐 우리의 심령을 깨끗하게 정화하여 주옵소서.

　우리의 가슴 한복판에는 언제나 대속의 십자가가 자리하여 항상 자랑으로 여기고 때로는 회심하게 하시며 삶의 나침반, 길잡이가 되게 하옵소서.

하나님과 재물을 겸하여 섬기지 못한다고 가르치신 예수님, 우리의 주가 되려 하고 우리의 경배를 요구하는 재물의 신인 맘몬을 섬기거나 물질의 유혹에 빠지지 않게 하옵소서.

구원받은 하나님의 백성이지만 죄가 우리 마음을 지배하고 우리를 넘어지지 않게 하도록 이 세상을 사는 동안 성령 충만한 삶이 되게 하옵소서.

인생의 여정인 광야는 힘들고 고통스러운 삶의 현장이지만 하나님의 긍휼과 자비가 있는 곳, 구원의 말씀이 임하는 곳이기에 주를 찬양하고 감사하며 꿋꿋하게 이 길을 걸어가게 하옵소서.

우리 민족의 위기는 우리의 죄악 때문임을 깨닫고 여호와의 채찍이 있기 전에 우리의 회개가 하늘에 먼저 닿아 이 땅에 긍휼과 자비가 임하기를 간절히 기도합니다.

소신이 지나쳐 고집과 독선에 빠져 국정이 표류하지 않게 하시고 정책 하나가 국가의 운명을 좌우하오니 귀를 열고 눈이 밝은 총명한 정부가 되게 하옵소서.

열매 맺지 못하는 무화과나무를 저주하신 예수님, 인생의 겨울이 오면 혹독한 시련이 기다리고 있기에 이 가을을 보내면서 신령한 열매를 수확하는 그리스도인들이 되게 하옵소서.

성도에게 죽음은 소멸이나 멸망이 아니라 부활의 소망을 이뤄가는 과정임을 깨닫게 하시고 가장을 여읜 유족에게 위로와 새로운 힘을 주옵소서.

우리 교회의 문화 학교를 통해 하나님께 찬양하는 인재들을 길러내어 오케스트라로, 중창단으로 하나님께 영광을 돌리고 음악으로 복음을 전하는 사역자들이 많이 나타나기를 기도합니다.

오이코스 전도 행사를 성령께서 주관하시고 우리 교회를 찾는 새 가족들이 주일마다 늘어나 그들이 끝까지 예수님을 믿고 영생의 복을 누리게 하옵소서.

　교권과 금권을 탐하기보다 한 영혼을 살리기 위해 목숨 바쳐 복음을 전하다가 소매 끝이 닳은 청빈한 목회자들이 한국 교회를 일으켜 세우는 원동력이 되기를 간절히 빌고 원하오며 예수님 이름으로 기도합니다. 아멘.

(2018. 10. 28. 주일예배)

Prayer / 36 /

여호와께로 다가가는
처방

봄철의 이상 저온을 시작으로 가뭄, 폭우, 태풍, 기록적인 폭염의 온갖 어려움을 이겨 낸 햇과일과 곡물로 정겨운 추석 명절을 보내게 하신 하나님께 감사와 영광과 찬양을 드립니다.

지난 한 주간 하나님의 영광을 가리는 일은 하지 않았는지, 하나님 아버지를 욕되게 하는 행동은 없었는지 성찰하고 또 성찰합니다.

우리는 택함 받은 하나님의 자녀이며, 하나님의 백성이며, 왕 같은 제사장인 소중한 존재라는 것을 깨닫고 죄인이라는 무거운 굴레에 짓눌려 자칫 잊어버리기 쉬운 그리스도인으로서의 자존감을 회복하게 하옵소서.

할렐루야 찬양대의 영감 있는 찬양과 강단에서 선포되는 능력 있는 말씀에 통회의 눈물을 쏟으며 결단과 헌신을 다짐하는 예배가 되게 하옵소서.

오늘도 경향 각지에서 선포되는 목회자들의 설교에 은혜가 되게 하시고 설교한 그대로 생활하여 설교의 권위가 회복되게 하시고 듣는 교인들도 선포되는 말씀대로 살아 실추된 기독교의 신뢰를 되찾게 하옵소서.

문화 예술을 통해서도 우리의 신앙을 고백하게 하시고 우리 교회도 기독교 문화가 싹이 트고 꽃을 피워 문화 사역이 이루어지기를 원합니다.

실시 중인 문화 학교와 하반기 양육 과정, 토스트 전도, 더치커피 전도를 통하여 신앙의 내실을 기하고 훌륭한 전도의 도구가 되게 해 주옵소서.

지상의 성도가 완전하지 않듯이 지상의 교회도 완전하지 않음을 고백합니다. 성도가 날마다 거룩해져 가고 교회가 날마다 건강하게 변화되어 가기를 간절히 소원합니다.

예수님께서 이 땅에 계실 때 받으신 수많은 고초로 인해 우리의 상처가 치유되었으나 인간관계에서 수시로 겪는 작은 마음의 상처들, 억울함이 분노로 변한 큰 상처들, 서로를 용서하고 화해하여 깨끗이 치유되게 하옵소서.

오늘도 팍팍한 삶 앞에서 고통받는 이웃들이 교회 십자가를 바라보면서 소망을 얻을 수 있도록 교회가 그 역할을 감당하기를 간절하게 소원합니다.

하나님께서 우리를 찢으셨으나 도로 낫게 하실 것이고 우리를 치셨으나 싸매어 주실 것이고 우리를 치료하시는 분은 하나님이심을 믿으니 투병 중인 교우들, 여호와께로 더 가깝게 다가가는 처방으로 치유의 은혜를 체험하게 하옵소서.

우리가 언젠가 인생을 마감할 때가 오면 담담하고 품위 있게 임종을 맞이할 수 있도록 확실한 부활 신앙인이 되게 하옵소서.

국가 경영에 오판이나 시행착오가 없도록 현 정부에 전능하신 하나님의 주재와 인도가 있기를 간절히 빌고 원합니다.

다니엘이 이스라엘의 회복을 위해 기도했던 것처럼 우리도 한반도의 평화 통일을 위해 무릎을 꿇고 기도하게 하옵소서.

창조 질서를 파괴하는 동성애를 인권으로 둔갑시켜 조장하고 합리화하려

는 일체의 시도를 배격하고 동성애를 찬성하는 국가들이 무너지고 있는 사
실을 기억하게 하옵소서.

이 모든 말씀 예수 그리스도 이름으로 기도드립니다. 아멘.

(2018. 9. 30. 주일예배)

다음 세대를 위한
고민

　예수를 가장 높은 보좌에 앉히시고 모든 이름 중의 으뜸이 되게 하시고
모든 무릎을 그의 앞에 꿇게 하신 하나님을 경배하며 찬송과 영광을 돌립
니다.

　하나님께서는 지금 우리에게도 벧엘로 올라가라고 말씀하십니다. 지금까
지 살아왔던 잘못된 삶을 회개하고 말씀에 순종하고 하나님을 섬기는 바른
신앙과 개혁주의 삶으로 올라가기를 원합니다.
　참된 예배자를 찾으시는 하나님, 습관적이거나 형식적이 아닌 진실한 마
음으로 예배를 드려 주님과 교통하는 시간이 되게 하옵소서.
　로뎀 나무 아래 지쳐 쓰러진 엘리야를 어루만져 주신 주님, 삶에 지쳐 곤
고한 교우들의 영과 육을 어루만지시고 회복시켜 사십 주 사십 야를 가서
하나님의 산 호렙에 이를 힘을 우리에게도 주옵소서.

　교우들의 기도와 간구를 돌아보시고 이들이 주 앞에서 부르짖으며 간절

히 비는 기도를 들으시고 응답하여 주옵소서.

　질병의 짐, 가난의 짐, 실직의 짐, 고독의 짐, 근심의 짐을 잔뜩 지고 왔사오니 우리가 예수님의 십자가 멍에, 사랑의 멍에를 메고 예수님께 배우게 하셔서 삶의 피로에 찌든 우리의 마음이 진정한 안식을 얻게 하옵소서.

　선포하는 말씀을 통해 교우들에게 깨달음과 감동이 있게 하시고 현실의 삶에 어떻게 적용할 것인가 방법을 일러 주셔서 우리의 신앙생활이 날마다 변화가 있게 하옵소서.

　한국에도 기독교 문화가 융성하여 하나님을 나타내는 도구가 되게 하시고 우리 교회에서 시행하는 문화 학교가 활성화되어 전도의 도구가 되게 하옵소서.

　우리들이 다음 세대를 외치고 있지만, 그들이 처한 상황을 정확히 파악하고 이해하고 그들을 살리기 위해서 구체적으로 무엇을 하고 있으며 무엇을 해야 하는가를 깊이 고민하고 반성하는 교회가 되게 하옵소서.

　교회를 떠나는 기독 가정의 자녀들이 늘어나고 있습니다. 우리의 자녀들이 믿음 생활에서 낙오되지 않도록 교회와 가정이 훌륭한 성경 학교가 되어 어려서부터 철저하게 신앙 교육이 이루어지기를 원합니다.

　교회 안에서나 밖에서나 하나님의 형상대로 지음 받은 사람들을 저주하는 혀가 아니라 하늘에 계신 아버지를 찬양하는 혀가 되게 하시고 악과 독이 들러붙지 않도록 혀를 바르게 사용함으로 은혜의 사람이 되게 하옵소서.

　대통령을 비롯한 위정자들이 당리당략이나 이념이나 진영논리로 정책을 밀어붙이지 말고 자라나는 후손들과 국가와 민족의 장래를 걱정하며 신중하게 결정하여 국가 발전에 차질이 없기를 원합니다.

　많은 국민으로부터 부정적 이미지가 높아지고 신뢰감을 잃어가고 있는 한국 교회가 건전하고 투명한 재정 사용과 교회 지도자와 교인들의 언행일치의 모범적인 삶을 통해 신뢰를 회복하게 하옵소서.

저출산, 고령화 사회로 인한 노동력의 부족으로 이 땅에 들어온 이슬람이 제주도 난민 유입으로 인한 세력 확장의 위기에 놓여 있습니다. 예수님의 죽음과 부활, 하나님의 아들임을 부정하는 이슬람의 도전 앞에 기독교의 강력한 대응이 있기를 빌며 예수 그리스도 이름으로 기도드립니다. 아멘.

(2018. 9. 2. 주일예배)

Prayer / 38 /

하늘로 올라가는
찬양의 계단

그리스도를 이 땅에 보내시어 모든 대속의 의를 이루게 하시고 누구든지 그를 믿기만 하면 구원에 이르게 하신 하나님의 은혜에 감사를 드리며 찬송과 영광을 돌립니다.

우리를 죄에 대해 죽고 의에 대해 살게 하시려고 십자가를 지신 예수님, 실제로 우리의 삶은 죽은 자의 부활 복음을 잠시 잊고 슬픔과 낙심과 절망 속에서 살 때가 많음을 용서하옵소서.

세상 사람들처럼 푸념과 한숨 속에 살지 않게 하시고 우리에게 어떠한 어려움과 두려움이 다가와도 기도와 찬양으로 극복하게 하시고 하늘나라 시민으로서 기쁨과 소망의 삶을 살게 하옵소서.

오직 믿음으로 하나님을 기쁘시게 하는 성도가 되고 우리의 몸을 살아 있는 제물로 드려 하나님을 기쁘시게 하는 예배가 되기를 기도합니다.

예수님께서 입술의 고백이 아니라 열매를 보고 그들을 알 것이라고 말씀하신 것처럼 찌는 듯한 무더위도 우리에게 유익이 되어 영육 간에 풍성한 열매를 맺고 무르익게 하여 참 믿음의 사람임을 드러내게 하옵소서.

모인 교회에서 하나님께 경건하게 예배드리고 신령한 힘을 얻어 삶의 현장인 흩어진 교회로 나가서 하나님의 말씀을 준행하고 예수 그리스도의 향기를 드러내며 모범적인 기독인의 삶을 살게 하옵소서.

오늘도 강단에서 선포되는 말씀을 귀로 듣는 것이 아니라 마음으로 듣고 성령의 역사가 일어나 믿고 깨닫는 시간이 되기를 소원합니다.

갈수록 부흥을 향한 열망이 식어가고 전도의 동력이 떨어져 가는 시대에 강한 성령의 불을 내려 주옵소서.

가난한 자들과 병든 자들을 돌아보시고 그들과 동고동락하시며 십자가에서 죽기까지 죄인들을 섬긴 예수님, 우리도 군림하거나 대접받으려 하지 말고 예수님을 닮아 섬기는 자들이 되게 하옵소서.

자기 피로 사신 교회라고 선포하신 하나님, 은사대로 섬기는 헌신 공동체가 되기를 원합니다.

주의 일을 하다가 몸과 마음의 상처를 받지 않게 하시고 상처가 되었다면 그것 또한 복음과 교회를 위한 희생의 훈장이기에 감사함으로 위로가 되어 하나님께 영광이 되게 하옵소서.

선물로 주신 귀한 자녀들 어렸을 때부터 성경과 말씀을 사랑하는 자로 양육하여 조국과 교회를 위해 책임과 역할을 다하는 인재가 되게 하시고 강하고 담대한 하나님의 일꾼으로 삼아 주옵소서.

세계 도처에서 열방을 그리스도의 품에 안겨 드리기 위해 애쓰는 선교사들을 돌보시고 그들의 사역지에서 뿌린 복음의 씨앗들이 아름다운 열매를 맺게 해 주옵소서.

한국 교회가 로뎀나무 아래에 있는 엘리야와 같은 초라한 신세가 되지 않게 하시고 영성을 회복하여 갈멜산으로 올라가는 은혜가 있기를 기도합니다.

한 영혼을 새롭게 하고 그를 변화시키는 복음의 능력을 되찾아 한국 교회가 다시 일어나게 하옵소서.

마음을 모아 부르는 회중들의 찬송과 할렐루야 찬양대의 찬양이 하늘로 올라가는 계단이 되어 우리를 천상의 세계, 영원한 세계로 인도하기를 빌고 원하오며 예수 그리스도 이름으로 기도드립니다. 아멘.

(2018. 8. 5. 주일예배)

삼갈의 막대기
모세의 지팡이

흠도 티도 없는 완전하신 하나님, 그 어떤 사람도 말씀대로 완벽하게 살아가기엔 너무나 불완전한 존재들이기에 말씀의 거울 앞에서 늘 습관처럼 죄를 자복하고 회개함을 용서하옵소서.

말씀과 상관없이 살아가는 무기력한 그리스도인이 되지 않도록 성령이 충만하기를 기원합니다.

우리가 더럽혀 놓은 하나님 이름의 거룩성을 회복하고 하나님을 끝없이 찬양하며 하나님께만 영광을 돌리는 예배가 되게 하옵소서.

귀하게 쓰시는 주의 종을 통해 선포되는 말씀에 깨닫는 은사를 주시고 은혜의 시간이 되게 해 주옵소서.

예배가 끝나고 세상으로 파송될 때 비록 내 뜻대로 되는 것이 하나도 없다 할지라도 항상 선한 길로 인도하시는 하나님을 믿고 담대하게 살아가게 하옵소서.

잘 먹고 잘사는 것이 복이 아니라 하나님의 자녀가 되고 예수 그리스도를 믿어 구원받은 것이 진정한 복임을 깨닫고 이를 누리며 사는 기독인이 되게 하옵소서.

삼갈의 소 모는 막대기가 블레셋을 이기는 강력한 무기가 되었듯이, 모세의 지팡이가 홍해를 갈랐듯이 우리가 가진 것이 비록 막대기 같은 하찮은 것이지만 주께서 사용하시어 하나님의 역사가 이루어지기를 기도합니다.
하나님의 자녀에게도 고난은 오지만 고난에서 받는 은혜처럼 고귀한 것이 없고 은혜로 받는 고난처럼 보배로운 것이 없다는 것을 깨닫는 신앙인이 되게 하옵소서.

하나님의 선물인 의술을 통해서 신체적 정신적 결핍으로 고통받는 교우들을 치료하여 온전하게 하옵소서.
인간 중심의 교회가 아니라 말씀 중심, 하나님 중심의 교회가 되게 하옵소서.
건물과 조직을 잘 갖춘 교회보다 하나님과 좋은 관계를 이루고 살아가는 가족 같은 공동체가 되기를 원합니다.
정확하게 진단하고 준비하고 복음 전하는 방법을 새롭게 수립하여 올해 주일학교 여름 사역을 기점으로 주일학교 부흥의 원년이 되게 하옵소서.
부모가 먼저 바른 믿음과 바른 삶의 모범을 보여서 어린 자녀를 믿음의 세대로 키우게 해 주옵소서.

교회가 말과 혀로만이 아닌 행함과 진실함으로 청년들에게 사랑을 쏟아 교회 안의 청년들은 물론, 교회 밖의 청년들까지 복음을 경험적으로 알게 하여 하나님의 품속으로 들어오게 하옵소서.
복음을 위해 고군분투하는 낙도 목회자들에게 가장 기본적인 의식주와 건강 문제, 자녀 교육 문제를 해결할 수 있도록 은총을 베풀어 주옵소서.

수많은 재소자, 세상 법을 어겨 육체는 비록 자유가 없는 갇힌 몸이지만 주님을 영접하여 심령의 자유를 얻게 하시고, 이들의 영혼 구원에 헌신하는 교정 목사들에게 복을 내리시고 교정 선교에 많은 열매가 있게 하옵소서.

열악한 환경에서 복음을 들고 나아가 외치는 모든 선교사와 가족들의 안전을 도모하고 그 선교지마다 하나님의 나라가 건설되기를 소원하며 예수 그리스도 이름으로 기도드립니다. 아멘.

(2018. 7. 8. 주일예배)

Prayer / 40 /

다양성의
조화

입술로만 이웃을 사랑했던 가식적인 삶을 고백하고 진정한 회개를 통해 이웃을 내 몸처럼 사랑하신 예수님을 본받아 흉내라도 낼 수 있는 기독인이 되게 하옵소서.

우리는 나보다 남을 낮게 여긴다고 하면서, 실제로는 나보다 남을 낮게 여기고 자신을 높이며 자기 뜻만이 옳다고 주장하는 독선을 용서하옵소서.

육체도 씻지 않으면 때가 끼고 냄새가 나듯이 마음도 씻지 않아 때가 끼고 냄새가 납니다. 오늘 드리는 예배와 말씀으로 우리의 영혼을 깨끗하게 씻어 주옵소서.

주께서 귀하게 쓰시는 사자에게 능력을 주시어 설교할 때마다 진리의 나팔이 되어 많은 영혼을 사망의 잠에서 깨어나게 하시고 다른 의견을 가진 교인들도 공감적인 사랑과 은혜로 감싸 주고 품어 주는 목회자가 되게 하옵소서.

근대화 초기 목숨을 걸고 교육, 의료, 선교로 은둔의 땅 조선을 깨웠던 서양 선교사들의 헌신과 희생을 잊지 않게 하옵소서.

순교자들의 고귀한 희생정신을 본받아 하나님께 영광 돌리는 삶을 살게 하시고 그들의 숭고한 뜻을 기억하고 계승하기를 원합니다.

성도들의 각박한 생계의 현장에서 먹고 사는 일에 짓눌려 그리스도의 음성이 들리지 않을 때 주께서 찾아가 위로하시고 생업의 고단함이 아닌 소명과 구원의 즐거움으로 하나님의 음성을 듣게 하옵소서.

교인들이 생존의 전쟁터에서 눈물과 피땀으로 받은 보수 중 먼저 성별하여 바친 헌금이 정당한 절차를 거쳐 투명하게 집행되게 하시고 주님의 복음사업에만 소중하게 쓰이게 하옵소서.

우리를 치료하시는 여호와 하나님, 주께서 주신 식물과 열매를 먹고 율법과 규례를 지켜 질병으로 고통받는 교우들에게 나음의 은혜를 베풀어 주옵소서.

서로 다른 악기들이 하나가 되어 감미로운 관현악의 선율을 만들 듯이, 성도들의 다양한 생각과 삶의 배경을 존중하여 다양성이 갈등의 원인이 아니라 조화로움으로 통일을 이루어 아름다운 교회를 만들어가는 원동력이 되게 하옵소서.

교회의 진정한 주인은 그리스도이신데 사람이 교회의 주인으로 군림하고 있지 않은지 뒤돌아보게 하옵소서.

우리가 학원으로, 직장으로, 삶의 현장으로 보냄을 받았다는 파송 의식을 가지고 평신도 사제가 되어 그리스도의 향기를 전하며 빛과 소금의 사명을 잘 감당하게 하옵소서.

친족 친구 이웃들이 곁에 있을 때, 때를 놓치지 말고 강권하여 내 집을 채우라고 하시는 주님의 명령에 순종하게 하옵소서.

　군 복음화를 위해 일선에서 헌신하는 군목들에게 신령한 능력을 주시어 수많은 젊은 장병들을 구원하여 십자가 군병이 되게 하시고 입대한 하나님의 자녀들 군 복무 마칠 때까지 하나님께서 보호하고 인도하여 주옵소서.

　할렐루야 찬양대의 찬양이 베풀어 주신 은혜의 감격을 주체할 수 없어 영혼의 깊은 곳에서 봇물 터지듯 흘러나오는 울림의 노래가 되어 하나님을 기쁘시게 하고 그분의 높고 위대하심이 드러나게 하옵소서.

　예수 그리스도 이름으로 기도드립니다. 아멘.

(2018. 6. 10. 주일예배)

우리는 젊은 날에도, 늙은 날에도
그 나름의 감당해야 할 사명이 있음을 잊지 말고
마지막 순간까지 열정적인 사명자로 살아가는,
노을 같은 아름다운 순례자가 되기를 원합니다.

무엇이 싫어서
떠났나

독생자 예수 그리스도의 귀하신 목숨과 바꾼, 너무나 값비싼 은혜를 값없이 주신 하나님께 감사를 드리고 은혜에 걸맞은 삶을 살게 하옵소서.

그리스도에게만 순종과 경배의 무릎을 꿇어야 할 성도가 물질, 탐욕, 쾌락에 무릎을 꿇고 있음을 회개합니다.

그리스도의 고매하신 인격을 닮아가도록 너무나 허물 많은 저희를 끊임없이 연단하고 새롭게 변화시켜 주옵소서.

세상 속에 있지만, 세속에 물들지 않은 성도와 교회의 거룩성을 지켜내지 못하는 우리의 무기력함을 용서하옵소서.

아직도 주님의 몸인 교회 구석구석에 끼어 있는 세속의 때를 깨끗이 씻어서 삶에 지친 사람들이 찾아와 성화되는 은혜로운 교회가 되게 하옵소서.

지금 교회를 떠난 사람들에게 무엇이 싫어서 떠났는지 물어보고 그들의 음성에 귀를 기울이게 하시고 우리와 함께 고쳐 가자고 손을 내밀게 하옵소서.

목마른 양들을 위해 주야로 비지땀을 흘리며 생명수를 제공하는 목자에게 신유의 은사를 내려 주시고 오늘도 성도들에게 설교를 통해 말씀 속에 계시는 거룩한 성령의 숨소리를 듣게 하옵소서.

목양의 현장에는 건강하고 말 잘 듣는 양도 있지만, 병들고 다리를 절고 들이받고 뒷발질하고 우리를 뛰쳐나가려는 양도 있습니다. 이들은 모두 소중한 생명이오니 좌로나 우로나 치우치지 말고 한없는 예수 사랑으로 격려하고 위로하고 포용할 수 있는 넓은 가슴을 가진 목자가 되기를 간절히 기도드립니다.

여러 가지 인간고를 겪고 있는 교우들을 위로하시고 아픔을 느낀다는 것은 아직 살아 있다는 증거이기에 감사로 그 아픔을 극복하게 하옵소서.

신앙의 대가 끊겨 수도원이나 교회당이 레스토랑이나 고급 클럽으로 환속되는 유럽의 기독교 현실을 가슴 아프게 바라보며 주일학교의 침체가 날로 심화해 가는 한국 교회가 각성하여 신앙의 대물림이 끊어지지 않기를 간절히 기도합니다.

지금 우리 교회의 주일학교 교육으로 아동과 청소년들이 장차 세속 문화를 이기고 신앙인으로 홀로 설 수 있을지 냉철하게 진단하여 적절한 개선 방안을 마련할 수 있도록 지혜를 주옵소서.

먹을 것만 손에 쥐어 주는 것으로 사명을 다하는 것이 아니라 철저한 성경 교육이 이루어지게 하시고 어린이를 '작은 예수'로 소중하게 여기며 성인 교인 못지않은 관심과 정성을 쏟아붓는 어린이 사역이 이루어지기를 원합니다.

인간에게 신성한 결혼제도를 선물로 주시어 최초의 주례자가 되셨던 하나님, 국가적 재앙이 될 수 있는 저출산 문제에 간섭하시고, 혼기에 찬 교우들 믿음의 짝을 만나 행복한 가정을 이루도록 도와주시고, 순진무구한 아이들이 가득한 우리 교회가 되게 하옵소서.

한반도 통일은 거짓되고 진실하지 못한 인간들의 선언이나 회담으로 이루어지는 것이 아님을 아오니 하나님께서 이 민족에게 자비를 베풀어 통일 한국을 허락해 주옵소서.

어린아이들이 내게로 오는 것을 막지 말고 하나님 나라는 이런 어린아이들의 것이라고 하신 예수 그리스도 이름으로 기도드립니다. 아멘.

(2018. 5. 6. 주일예배)

음란한
민낯

하늘 보좌를 버리시고 이 땅에 오시어 나무 십자가에서 다 이루시고 우리에게 부활의 소망과 기쁨을 주신 예수님, 신앙의 본질인 죽음에서 부활하셨기에 온갖 역경에도 오늘을 살아갈 힘이 되심을 감사드리고 홀로 존귀와 영광을 받으시옵소서.

우리는 주님 앞에서 죄인이요, 환자요, 허물 많은 피조물임을 고백하오니 용서하시고 권능의 주, 만유의 주로서 이 예배에 함께 하시어 연약하고 부족한 저희에게 치유와 소망의 은혜를 베풀어 주옵소서.

주님의 신령한 은혜를 받아 버려진 돌이지만 돌다리가 되게 하시고, 모퉁이 돌이지만 주춧돌이 되게 하시고, 걸림돌이 아니라 디딤돌이 되기를 원합니다.

먹고 마시라 하신 예수님의 살과 피, 성찬식을 통하여 우리의 영혼이 더욱더 맑고 깨끗해지길 원하고 우리를 위하여 행하신 일과 주님의 피로 세우신 새 언약을 기억하며 못 박혀 돌아가신 예수님의 십자가만 자랑하고 의지하게 하옵소서.

세상이 줄 수 없는 영혼의 양식을 먹기 위해 여기에 모였사오니 설교를 통하여 메마른 영성을 기름진 영성으로 채워 주옵소서.

예수님께서 고난 겪으신 일을 기념하고 깊이 묵상하는 고난 주간을 맞아 우리의 믿음과 사명이 더욱 분명해지고 우리가 힘겨운 고통의 현실을 만나더라도 부활 신앙으로 극복할 수 있는 힘을 배양하는 기간이 되게 하옵소서.

예수님의 부활을 목격한 증인들이 순교까지 하며 사건 현장을 증언한 것처럼 우리도 주께서 부활하신 역사적 사실을 널리 전하게 하옵소서.

교회가 부활의 복음을 널리 증언하여 자살률 1위인 우리 사회의 자살 문화를 생명 문화로 바꾸는데 한국 교회가 선봉이 되기를 원합니다.

이 땅에 피 흘리며 순교한 복음의 전사들이 복음을 부끄러워하는 사람들에게 경종을 울리고 있사오니, 복음을 부끄러워하지 않고 자랑스럽게 전할 수 있는 기독인이 되게 하옵소서.

기독인이 비록 1%도 되지 않은 일본이지만, 일본의 그리스도인들과 한국의 그리스도인들이 하나님 나라의 가치로 연대하여 양국의 복음화와 관계 개선에 선봉이 되게 하옵소서.

하나님은 인간의 성을 더럽거나 수치스러운 것이 아니라, 아름답고 귀하게 지으셨는데 성추행 성폭행이란 인간의 타락하고 음란한 민낯이 각계각층에서 드러나고 있습니다.

요셉처럼 유혹을 막아내고 지도해야 할 교회조차 예외가 아닌 오늘의 현실이 우리의 원죄 때문임을 알고 주님의 떡과 잔을 받으면서 진심으로 회개하여 한국 교회와 교인들이 깨끗한 세마포 옷으로 갈아입고 순결함이 회복되게 하옵소서.

건강한 결혼 관계 안에서 성을 아름답고 귀하게 사용하여 날로 심화하는 인구 절벽의 사회 문제가 해결되고 동성애를 영원히 추방하기를 빌고 원하오며 예수 그리스도 이름으로 기도드립니다. 아멘.

(2018. 3. 25. 주일예배)

고난도
은혜

하나님 아버지의 거룩한 이름을 드높이고 찬송하며 모든 영광을 받으시옵소서.

눈만 감으면 달라고만 떼를 쓰는 저희를 불쌍히 여기시고 자비를 베풀어 주옵소서.

하나님의 높으신 가르침대로 살지 못했음을 회개하오니 용서하시고 오늘보다 내일이 더 나은 신앙인이 되기를 원합니다.

하나님께서 베풀어 주신 만 가지 은혜에 감사드리고 각자 형편에 따라 우리의 열망과 소원을 하나님께 아뢰오니 응답해 주옵소서.

이방의 불, 세속의 불이 아닌 여호와의 불로 향을 피우고 하나님을 경외하며 찬양하는 산 예배가 되기를 원합니다.

병든 자, 가난한 자, 소외당한 자, 멸시받는 자들의 편에서 사셨던 예수님, 지금도 이들에게 희망이 되도록 사랑과 긍휼을 베풀어 주옵소서.

우리는 은혜가 고난보다 좋다고 여기며 은혜만을 간구하고 고난은 기피했으나 은혜만이 은혜가 아니라 고난도 은혜임을 깨닫는 기독인이 되게 하옵소서.

예외 없이 언젠가는 죽을 수밖에 없는 유한한 존재이지만 노화와 질병과 죽음을 공포와 고통과 불행으로 생각하지 말고 감사와 기쁨으로 수용할 수 있는 견고한 부활 신앙인이 되기를 소원합니다.

대속의 제물이 되신 그리스도의 사랑이 우리의 심장에 꽂혀 주님을 위해서 주신 재능대로 기쁨과 보람으로 헌신하는 삶이 되게 하옵소서.

진행 중인 평창 동계 올림픽이 핵 포기를 하지 않는 북한의 체제 선전과 위장 평화에 이용당하지 않고 진정한 평화통일과 국위 선양에 기여하도록 하나님께서 주관하여 주옵소서.

다가오는 명절에는 가족 친척이 한자리에 모여 즐겁게 지내고, 서로 아끼고 사랑하여 가정의 화목과 가족 구원을 이루는 설날이 되기를 소망합니다.

더욱 많은 사람이 예수님을 만나 구원의 기쁨을 경험하게 하시고 잊어버린 구원의 기쁨을 회복하게 하시고 신앙생활의 즐거움을 누리는 무술년이 되게 하옵소서.

아흔아홉 가지 잘못을 저질렀지만, 그래도 마지막에 아버지의 진심을 알고 돌아온 탕자처럼 교회를 떠난 이 땅의 수많은 사람, 더 이상 방황하지 말고 아버지 품으로 돌아오기를 간절히 기도합니다.

새로운 선교 정책과 전략을 개발하여 식어가는 선교의 열기가 회복되게 해 주옵소서.

후방에 있는 우리는 현지에서 지친 선교사들에게 수분과 영양을 공급하여 활력을 되찾아 다시 의욕적인 선교 활동을 할 수 있도록 신실한 선교 후

원자들과 선교 동역자들이 되게 하옵소서.

　주의 종을 붙드시어 설교에 능력이 있는 목회자, 인격이 훌륭한 목회자, 신령한 친교로 성도들과 소통하는 목회자로 이 지역과 부산을 복음화하는 데 큰 그릇으로 사용하여 주옵소서.

　핍박이 많았으나 하나님을 찬양하고 사람에게 칭찬을 받으니 주님께서도 구원받는 사람을 날마다 늘어나게 하신 초대 교회 같은 역사가 지금 우리 교회에도 일어나기를 간절히 빌고 원하오며 예수 그리스도 이름으로 기도 드립니다. 아멘.

(2018. 2. 11. 주일예배)

구원의 감격이 넘치는
잔칫집

사랑받을 만한 조건이 하나도 없는 우리를 택하여 신령한 복을 내리시고 죄인들을 구원코자 독생자 예수 그리스도를 보내 주신 창조주 하나님께 영광을 돌리고 감사와 찬양을 드립니다.

마구간에서 탄생하시어 일생을 궁궐이 아닌 마구간의 삶을 사신 주님의 참뜻을 되새기며 은혜와 평강이 넘치는 예배가 되게 하옵소서.

참 빛으로 오신 예수님, 지금 어두운 밤을 밝히는 방방곡곡의 성탄 트리가 아기 예수 탄생의 기쁨과 영광을 온 누리에 전하여 증오와 갈등과 분쟁이 끝나고 용서와 화해와 평화가 깃들기를 기도합니다.

거룩하신 하나님께서 인간의 몸을 입고 높은 곳에서 낮은 곳으로 오신 성육신의 그리스도께서 아픈 자, 가난한 자, 노약자, 갇힌 자, 실직자, 장애인, 각종 사고로 가족을 잃은 유족들을 따뜻하게 품어 주시고 그들에게 위로와 희망의 성탄절이 되게 해 주옵소서.

구원을 받은 사람도 이 세상을 사는 동안에는 고난을 피할 수 없음을 깨닫고 임마누엘 하나님이 우리와 함께하신다는 그 사실, 그 믿음으로 절망하지 말고 고난을 슬기롭게 극복하게 하옵소서.

예수님의 첫 메시지도 회개 선포였고 루터의 첫 번째 외침도 회개였습니다. 교권은 추락하고 세상의 조롱을 받는 교회가 진정한 회개를 통하여 다시 태어나게 하시고 위기에 놓인 나라를 구하게 하옵소서.

정직성과 윤리성 회복이야말로 무너지고 있는 교회의 신뢰를 되찾고 우리 사회에 희망을 주는 길임을 인식하고 지도자를 비롯한 모든 기독인이 정직성과 윤리성을 시급히 회복하기를 기도합니다.

하나님의 말씀을 바르게 전했다면 전한 사람은 전한 대로 살고, 말씀을 바르게 들었다면 들은 사람은 들은 대로 살기를 간절히 빌고 원합니다.

오늘도 강단에서 선포되는 말씀을 사모하는 마음으로, 열린 마음으로, 갈급한 심정으로 잘 섭취하여 풍족한 영의 양식이 되게 하옵소서.

교회 안에서도 하나님의 영광을 드러내는 경건한 예배자가 되게 하시고 교회 밖에서도 하나님의 영광을 드러내는 진실한 삶의 예배자가 되기를 소원합니다.

성도들은 사망의 두려움이 드리운 초상집의 삶이 아니라 언제나 구원의 감격과 기쁨이 넘치는 잔칫집의 삶을 살게 하옵소서.

우리가 택함을 받아 구원을 받고 하나님의 백성이 되었다는 사실을 잊지 말고, 누리는 구원의 기쁨이 생활에 활력이 되고, 예배 시간이 기다려지고, 봉사에 신바람이 나게 하여 주옵소서.

어제 누군가가 걸어간 헌신과 희생 위에 오늘이 있는 것처럼, 우리 또한 순교적인 각오로 오는 세대와 이웃의 누군가를 위해 신령한 밑거름이 되기를 원합니다.

교우들이 위로를 받고 힘을 얻는 공동체, 서로를 위해 기도하고 섬기는 공동체, 함께 울고 웃으며 주님께서 원하시는 하나님 나라를 이루어가는 연제제일교회가 되게 하옵소서.

　　예수 그리스도 이름으로 기도드립니다. 아멘.

(2017. 12. 24. 주일예배)

Prayer / 45 /

증오의 핵폭탄
사랑의 원자탄

만왕의 왕 여호와께 거룩한 심령의 옷을 입고 경배드리게 하시고 모든 영광을 주님 홀로 받으시옵소서.

뒤돌아보면 우리 인생의 고비마다 회복의 손길을 내밀어 주시고 사랑으로 인도하신 하나님의 크신 은혜에 감사를 드립니다.

보고 듣고 걷고 숨을 쉬고 있다는 이 일상적인 일이 얼마나 소중하고 감사한 일인지 병상 체험을 하지 않고도 깨닫는 추수감사절이 되기를 원합니다.

자식과 재산을 다 잃고 환난과 시련의 터널 속에서 했던 욥의 고백처럼 주신 이도 거두신 이도 하나님이시오니 항상 여호와 하나님께만 감사하고 찬송하게 하옵소서.

평생 허리를 구부리고 노동력을 팔아 삶을 지탱해 온 수고와 고단한 끝은 앙상해져 가는 팔다리, 점점 흐려지는 시야, 여기저기 아파 오는 잔병들입니다.

초대받아 온 형제자매들, 예배드리는 교우들, 평생 구부리고 웅크린 가슴을 활짝 펴고 하나님의 품에 안겨 부활 소망으로 신령한 평안과 안식을 느끼게 하옵소서.

삶의 수고와 고단함이 신령한 보람과 희망으로 바뀌게 하시고 영원한 천국의 안식을 누리게 하옵소서.

여기에 모인 우리 모두 예수 그리스도의 심장을 이식받아 구원과 생명의 길로 걸어가기를 간절히 기도합니다.

우리는 그리스도의 성품과 향기를 드러내는 편지가 되게 하시고 하나님의 사랑과 그리스도의 복음, 성령의 은혜를 이웃에게 전하는 생명의 편지가 되기를 원합니다.

예수님은 불결한 자들에게 먼저 찾아오셔서 문둥병자와 혈루증 여인과 귀신들린 자들을 치유하여 정결하게 하신 것처럼 질병으로 고통받는 교우들을 찾아오셔서 치유하여 온전하게 해 주옵소서.

오른손으로 붙드신 주의 종이 전하는 설교에 은혜와 능력이 나타나 말씀 앞에 모두 변화되게 하시고, 평생 옥죄고 있던 한의 쇠사슬이 풀리고 보이지 않던 삶의 길이 보이고 하늘의 문이 열리는 놀라운 역사가 나타나기를 원합니다.

성가대가 부르는 찬양 중에 하나님께서 임하시고, 교우들의 기도를 찬송에 실어 하나님의 보좌 앞에 전달하는 은혜의 찬양이 되게 하옵소서.

때로는 전쟁을 통해 그릇된 일을 행하는 인간들에 대한 하나님의 징계로, 사랑의 표현으로, 공의와 거룩함의 섭리를 드러내는 도구로 사용하신 하나님, 이 땅에 징계의 계획이 있으면 자비를 베푸시고 핵과 전쟁의 위험에서 구해 주옵소서.

한반도에 증오의 핵폭탄이 아니라 사랑의 원자탄이 떨어져 그 위력이 파괴와 죽음이 아닌 용서와 사랑이 되어 남과 북이 평화적으로 통일되기를 소원합니다.

우리의 생살을 찢는 듯한 아픔을 감내하는 진정한 회개를 통해 이 민족을 향해 다가올지도 모르는 전쟁이나 지진의 재앙 앞에 하나님의 용서와 자비를 간절히 구하오며 예수 그리스도 이름으로 기도드립니다. 아멘.

(2017. 11. 19. 주일예배)

기도의 장대로
고난을 넘자

화목 제물이 되신 예수님께 오늘도 감사와 찬양과 영광을 돌립니다.

배운 것 없고, 가진 것 없는 약한 자를 통해서 일하시는 하나님, 우리의 한없는 약한 곳에 하나님의 능력이 임하시어 강하게 쓰임 받는 믿음의 성도들이 되게 하옵소서.

예배 때마다 우리의 몸가짐이 조금이라도 흐트러짐이 없는지, 예배자로서 마음의 준비가 되었는지 살피기를 원합니다.

우리의 간구를 들어주시고 우리가 드리는 예배가 항상 최고의 제사가 되며 하나님을 경배하는 기쁨의 탄성이 찬양으로 바뀌는 시간이 되게 하옵소서.

주의 사자께서 전하는 말씀에 죄인이 용서받고 병든 자가 고침받고 슬픈 자가 위로받는 놀라운 은혜와 능력이 나타나게 하옵소서.

그동안 가족 간에 부족하고 서운했던 감정이 있었다면 오곡백과를 무르익게 하신 하나님의 은혜와 사랑으로 모든 갈등을 해소하고 감사가 넘치는 즐거운 추석이 되게 하옵소서.

아직도 주님의 부르심에 외면하는 가족이 있다면 온 가족이 그리스도와 연합하는 뜻 있는 명절이 되기를 원합니다.

질병으로, 가난으로, 외로움으로, 직장이나 혈육을 잃은 상실감으로 눈물 짓는 사람들에게도 보름달 같은 넉넉한 위로와 감사와 희망의 한가위가 되게 하옵소서.

십자가의 희생 제물이 되신 예수님만이 우리의 아픔 고통 상처를 치유할 수 있사오니, 주님의 무한하신 자비로 아픔과 고통으로부터 자유로움을 얻고 이웃의 상처를 보듬어 줄 수 있는 신앙인이 되게 하옵소서.

길고 단단한 기도의 장대로 환난과 고난의 장애물을 뛰어넘는 그리스도인이 되기를 소원합니다.

건강하지 않은 교회, 시대적 소명을 감당하지 못하는 교회는 도태됩니다. 우리 교회는 세상을 닮지 말고 순수 복음을 전하는 건강한 교회, 시대적 소명을 다하는 교회가 되게 하옵소서.

우리 교회가 실시하고 있는 양육 과정을 통해 단순한 지식의 획득이 아니라 살아 계신 하나님을 경험하고 주님을 만나는 교육이 되어 교회 발전의 원동력이 되게 하옵소서.

한국 교회가 정체성을 잃어버리고 교권 다툼을 하고 분열할 때 하나님을 가장한 이슬람이 한국 땅에서 소리 없이 세력을 확장하고 있습니다.

믿음의 선진들이 흘린 피와 땀과 눈물의 기도로 기적 같이 부흥한 한국 교회가 정체기에서 벗어나게 하시고 다시 기력을 회복하여 무슬림을 압도

할 수 있는 강한 영성을 허락하옵소서.

오늘날 사회는 양심이 화인 맞은 지도자들로 넘치고 있습니다. 부정부패가 없는 사회와 정부가 되게 해 주옵소서.

항상 하나님 앞에서 자신의 양심을 살피게 하시고, "범사에 양심을 따라 하나님을 섬겼다"는 바울의 고백이 우리의 고백이 되기를 간절히 빌고 원하오며 예수 그리스도 이름으로 기도드립니다. 아멘.

(2017. 10. 1. 주일예배)

아름다운
임종

만왕의 왕 여호와를 찬양하며 하나님 아버지께 권세와 존귀와 영광을 돌립니다.

항상 말씀의 거울에 우리의 모습을 비추면 지은 죄가 너무 많아 입버릇처럼 또 반복하여 회개합니다.

주님 앞에 무릎을 꿇으면 우리를 용서하시고 양자의 영을 선물로 주시는 하나님께 감사와 찬양과 경배를 드립니다.

이제 죄인이라는 굴레에서 벗어나 하나님께서 용서해 주시고 하나님의 부름을 받은 존귀한 자로서 자존감을 갖고 살게 해 주옵소서.

진리인 하나님의 말씀과 우리의 삶이 일치하여 하나님의 교회를 교회 되게 하고 그리스도인이 그리스도인답게 살아 하나님 아버지의 이름을 욕되게 하지 않게 하옵소서.

이 귀한 시간 하나님께 드리는 우리의 예배를 진정과 정성을 다한 향기로 받으시고 성도 간의 기쁨과 은사의 나눔이 있는 예배가 되게 하옵소서.

선한 목자이신 예수님, 생명수 샘으로 우리를 인도하시고 힘겹게 살아가는 교우들의 눈물을 닦아 주옵소서.

진리와 믿음으로 무장해 악한 세력과 이단 사상과 세속 문화의 유혹을 물리쳐 영적 전쟁에서 승리하게 하옵소서.

삶이 너무나 고통스러워도 십자가에서 승리하신 주님을 바라보며 희망의 끈을 놓지 않는다면 어떤 시련과 역경도 극복할 것을 믿습니다.

자신의 목숨을 끊을 만큼 살아가기 힘든 많은 사람을 한국 교회가 복음으로 보듬고 치유하게 하시고 생명을 존중하는 문화가 널리 퍼져 자살이 없는 사회가 되기를 소원합니다.

질병으로 고통받는 교우들, 기도와 말씀으로 하나님의 사랑에 대한 믿음이 더욱 견고해져 현대 의학이 치료하지 못하는 질병까지 믿음으로 치유되는 기적을 경험하게 하옵소서.

언젠가 하나님께서 우리를 부르시면 기력이 쇠하거나 명이 다해 마지못한 임종이 아니라 자신에게 주어진 사명을 다 마친 요셉같이 보람과 기쁨이 있는 아름다운 임종이 되기를 원합니다.

할렐루야 찬양대가 부르는 성가를 통해서 하나님의 진심을 잘 표현하게 하시고 하나님의 내밀한 음성을 듣고 은혜를 체험하는 찬양이 되게 하옵소서.

잘 준비된 말씀으로 하나님의 기쁨과 구원과 은혜와 위로를 회중에게 전하는 설교 시간이 되기를 원합니다.

우리 교회 교역자들, 살아 있는 생명 사역을 통해 그리스도 밖에 살던 사람들이 그리스도 안에 들어와 날마다 변화되어 행복한 삶을 사는 새 신자들이 점점 늘어나 보람을 느끼는 목회 사역이 되게 하옵소서.

초융합과 초연결 초지능의 4차 산업 혁명 시대에 혁명적 변화가 일어나고 있는 학교 교육에 발맞춰 교회 교육에도 시대에 맞는 변화가 일어나기를 간절히 빌고 원하오며 예수 그리스도 이름으로 기도드립니다. 아멘.

(2017. 8. 27. 주일예배)

최고의
봉헌

　우리의 죄악을 은혜로 싸매시고 우리의 허물을 자비로 덮으시는 여호와 하나님께 감사와 찬양을 드립니다.

　오늘은 주님의 거룩한 날이오니 근심하거나 슬퍼하거나 눈물을 보이지 말고 여호와께서 베풀어 주신 구원의 기쁨을 누리며 그 기쁨이 교회를 섬기는 강한 원기가 되게 하옵소서.

　가정에서도 예배하고 교회에서도 예배하고 직장에서도 예배하여 오직 여호와께만 영광 돌리는 예배자가 되기를 원합니다.

　어떠한 고난이나 아픔을 겪을 때 스스로 정죄하거나 자학하지 말고 그것을 통해 하나님께서 나타내고자 하시는 뜻이 무엇인가를 먼저 깨닫게 하옵소서.

　아프게 하시다가 싸매시며 상하게 하시다가 그 손으로 고치시는 하나님, 투병 중인 교우들 죽어도 다시 사는 것과 영원히 사는 것을 믿는 믿음으로 고통을 잘 극복하게 하시고 싸매시며 고치시는 자비를 베풀어 주옵소서.

교우들에게 궁핍하지 않도록 일자리를 주시고 열심히 땀 흘려 일하게 하시고 노동이 거룩하고 신성한 것임을 깨달아 일하는 보람과 기쁨을 느끼게 하옵소서.

인간과 인간, 인간과 하나님 간의 불화 관계를 회복시키려고 십자가에 못 박히신 예수님, 수많은 죄인과 만남을 통해 보여 주신 주님의 그 놀라우신 관계의 리더십을 우리가 본받아 일그러진 인간관계가 개선되기를 소원합니다.

우리의 가벼운 입술에 망을 씌우시고 악한 말이 걸러지게 하시고 오직 선한 말로 이웃을 위로하고 격려하며 소망을 주는 기독인이 되게 하옵소서.

교회가 구원받지 못한 영혼을 위해 밤낮으로 눈물을 흘리게 하시고 그 눈물이 하나님께 드리는 최고의 봉헌이 되기를 원합니다.

교회가 다음 세대를 걱정만 하지 말고 대안을 모색하여 활로를 찾게 해 주옵소서.

가는 세대의 믿음이 오는 세대에 잘 전수되어 믿음의 전통을 이어가 대가 끊어져 무너진 유럽 교회들의 전철을 밟지 않도록 주일학교를 위기에서 건져내어 주옵소서.

베드로에게 어린 양을 맡기실 때 주님께서는 네가 이 사람들보다 나를 더 사랑하느냐며 먼저 열정을 확인하셨듯이 교회 교육에 열정을 쏟아붓는 교역자와 교사가 되기를 원합니다.

학교 교육에 비해 매우 낙후된 교수 방법을 개선하고 4차 산업 혁명 시대에 걸맞은 학습 자료를 활용하여 새로운 교회 교육이 이루어지게 하옵소서.

성경을 쉽게 풀어서 잘 가르침으로 그들의 뼛속까지 철저히 신앙 교육이 이루어져 사회에 나가서도 온전한 신앙인으로 살아갈 수 있도록 인도하여 주옵소서.

이번 여름 행사를 통해서 체계적인 신앙 훈련으로 기독교적 가치관과 세계관을 심어 주일학교가 부흥하는 계기가 되기를 간절히 빌고 원합니다.

오늘도 강단에서 선포되는 말씀이 기름부음 받은 설교가 되어 신비한 울림이 있고 강렬한 힘이 느껴지고 치유의 역사, 응답의 역사가 나타나게 해 주옵소서.

예수 그리스도 이름으로 기도드립니다. 아멘.

(2017. 7. 16. 주일예배)

관계의 위기
관계의 회복

우리는 죽어 마땅한 죄인이 아닙니다. 죽을 수밖에 없는 죄인도 아닙니다. 이미 허물과 죄로 완전히 죽었던 죄인을 구원해 주신 하나님, 그 은혜에 진심으로 감사를 드리고 영광을 돌립니다.

우리에게 회개의 영이 임하시어 내면에 깊이 뿌리 내린 세속적 죄성을 통렬히 회개하고 죄에서 떠나게 하옵소서.

예배 시간마다 다시 사는 것과 영원히 사는 것을 믿는다고 고백을 하지만 그 고백에 합당한 삶이 아니고 내세보다 이 세상이 전부인 것처럼 현세주의로 살아가는 것을 용서해 주옵소서.

우리의 삶과 예배가 항상 일치하도록 예물처럼 삶을 하나님께 온전히 바칠 수 있는 경건한 성도가 되게 하옵소서.

자신의 핏값으로 세우신 교회의 머리가 되시는 예수님, 우리 교회가 이 세상을 구원하는 방주가 되게 하시고 영혼을 천국의 문으로 인도할 수 있는 열쇠를 가진 교회가 되게 하옵소서.

주님의 마음에 꼭 드는 교회, 서로 사랑하며 주 안에서 하나가 되는 교회가 되게 해 주옵소서.

참수를 당해가며 이 땅에 복음의 씨앗을 뿌린 한국 교회 초기 선교사들, 온갖 박해를 무릅쓰고 복음을 전파했던 순교자들의 숭고한 선교 정신을 이어받는 교회가 되게 하옵소서.

교회 창립 주일을 앞두고 능력은 사람에게 있는 것이 아니라 성령께 있음으로 성령에 의해 움직이고 성령에 의해 성장하는 교회가 되게 해 주옵소서.

약자들은 사회에서도 상처받고 천대받아 억울한데 학벌이나 재물, 장애나 외모 같은 세상적인 조건으로 인해서 차별이나 소외감을 느끼지 않도록 세심하게 배려하는 교회가 되기를 원합니다.

이 땅의 모든 억압받고 고통받는 자들에게 오직 그리스도만이 유일한 소망임을 깨닫는 세상이 되게 하옵소서.

우리는 하나님과 완전한 교통으로 미풍처럼 부드러운 성령의 음성을 듣게 하시고, 밤이나 낮이나 깨어 있어서 언제나 잔잔하고 조용하게 다가오는 성령의 바른 소리에 귀를 기울이게 하옵소서.

예수님의 은혜로 건강을 유지하고 재물 얻는 것을 복으로 알지만, 주님을 위해 희생하고 핍박받고 억울한 일 당하는 것도 복임을 깨닫는 믿음을 주옵소서.

지금 겪고 있는 시련과 아픔과 어려움이 징계가 아닌 은총의 과정이라는 오직 절대 믿음으로 주님을 무한 신뢰하는 자녀가 되기를 원합니다.

관계의 위기 시대입니다. 예수님을 내 삶의 주인으로 모시고 말씀에 순종하여 하나님과의 관계가 회복되게 해 주옵소서.

인간관계가 어긋나 앞뒤 옆에 앉은 사람, 이웃과 높은 장벽을 쌓고 서로를 외면하며 사는 것을 진심으로 회개하고 깨어진 인간관계가 회복되기를 원합니다.

이 시간 하나님의 말씀이 선포되고 그 말씀을 들을 때 성령이 역사하여 회심의 은혜가 있기를 간절히 빌고 원하오며 예수 그리스도 이름으로 기도드립니다. 아멘.

(2017. 5. 28. 주일예배)

본향을 향해 가는
순례자

따듯한 봄 햇살이 살갗뿐만 아니라 지치고 상한 마음을 달래주는 하나님의 숨결이 되기를 원합니다.

오늘날 그리스도인들에게 겸허한 성찰과 진지한 각성을 촉구하시는 하나님, 영적 도덕적 각성과 갱신으로 거듭난 기독인, 거듭난 교회가 되어 주님 부활을 증거하는 사명을 감당할 수 있기를 원합니다.

이 세상만이 전부인 것처럼 기복적인 신앙에 매여 맹목적인 삶을 살아가지 않게 하시고 본향을 향해 가는 순례자답게 신령한 가치관과 인생관을 가지고 살아가게 하옵소서.

하늘에 닿을 정도로 허물과 죄가 많은 삶을 회개하고 하나님 만나기를 갈망하여 머리 숙였사오니 오늘 예배에서 하나님을 뵙는 감격의 은혜를 베풀어 주옵소서.

복음을 믿는다고 하면서도 성경의 가르침대로 살지 못해 항상 괴롭지만, 복음이 그리스도인의 삶을 변화시켜 주옵소서.

인간을 위한 대속의 죽음임을 증명하시고 부활하심으로 죽음 문제를 해결하여 주신 예수님의 은혜에 감사를 드립니다.

바로 지금 죽음의 문제를 해결해야 할 사랑하는 일가친척, 친구, 이웃들 예수 믿고 죽음 문제를 해결하기 원합니다.

엄마의 품 안에 안겨서도 우는 아이처럼 주님의 품 안에 안겨서도 불평하고 원망하는 사람들 때문에 안타까워하시는 예수님, 이제 주님께서 부활하셨기에 성도인 우리는 어떠한 고난과 핍박, 시련과 죽음의 위협 앞에서도 신령한 기쁨과 행복을 고백할 수 있는 그리스도인이 되게 해 주옵소서.

우리 교회 교우들, 가진 것 없어도 똑똑하지 않아도 '너를 사랑한다'고 속삭이는 하나님의 따뜻한 음성이 있는 단란한 가정들을 이루게 하옵소서.

역사적으로 한국 교회의 부흥과 발전에 큰 밑거름이 되었던 여 성도들이 변화하고 있음을 알아차리고 교회 봉사에 순종만을 강요하지 말고 그들의 필요를 채워 주고 그들의 형편과 목소리에 귀를 기울이는 교회가 되게 하옵소서.

늙은 자의 아름다움은 백발에 있고 손자가 노인의 면류관이며 아비가 자식의 영화가 됩니다. 이 땅에서 백발이 힘겹게 느껴지거나 손자와 자식에게 짐이 된다고 여기는 노인들에게는 자비의 은총을 베풀어 주옵소서.

질병에 시달리고 경제적 어려움, 외로움과 소외감을 겪고 있는 이들을 안아 주고 위로해 주고 함께 아파하는 교회가 되기를 소원합니다.

핵무장으로 위협하는 북한을 머리에 이고 살아가는 상황에서 안보를 맡길 수 있고 허물어져 가는 경제를 살리고 국민을 통합할 수 있는 사람, 사심을 버리고 오직 국가와 민족을 위해 한 몸을 바칠 각오가 되어 있는 사람을 대통령으로 뽑을 수 있는 현명한 국민들이 되게 하옵소서.

목사님께서 준비한 말씀 한마디 한마디가 먼저 성령의 검증을 받게 하시고 검증받은 말씀을 선포할 때 교우들의 가슴을 찢는 감동으로 뿌리까지 변하여 성화되기를 원합니다.

성령의 검증을 받은 말씀을 듣기 위해 말씀에 갈급한 영혼들이 원근 각지에서 모여들기를 간절히 빌고 원하오며 예수 그리스도 이름으로 기도드립니다. 아멘.

(2017. 4. 23. 주일예배)

Prayer / 51 /

순교의 피
복음의 밀알

죄에서 우리를 구원하신 하나님, 개혁주의를 자처하면서 신앙고백대로 살지 못했음을 용서하옵소서.

주님의 은혜로 전하는 이와 듣는 이 모두가 창조주 하나님께 감사와 영광 돌리는 예배가 되길 원합니다.

이성과 지성으로 변하지 않던 사람이 예배를 통해서 눈시울이 젖고 가슴이 뜨거워지는 놀라운 변화가 일어나게 하옵소서.

예수님께서는 우리에게 항상 기뻐하라고 하셨지만 때로는 원망하고 짜증내고 근심에 찌든 삶을 살았음을 용서하옵소서.

온갖 삶의 문제가 기쁨을 앗아가려고 하지만 구원의 확신과 부활 신앙으로 이를 극복하여 항상 기쁘게 살기를 원합니다.

기도의 영이 임하셔서 개인이나 가정, 국가나 교회가 가진 수많은 문제를 기도의 열쇠로 해결하게 해 주옵소서.

특별히 이념으로 분단되고 탄핵으로 분열된 조국을 불쌍히 여기시고 화합과 회복의 자비를 베풀어 주옵소서.

헌법재판소의 결정에 모두 승복하고 그동안 방치해 온 숱한 국가 현안을 잘 챙겨 안보, 경제, 정치 위기를 슬기롭게 극복하는 대한민국이 되게 하옵소서.

신앙생활을 하다가 탈진하거나 무기력해지지 않도록 하나님에 대한 바른 이해와 온전한 지식을 습득하게 하옵소서.

삶의 문제가 생겼을 때 문제 해결의 유일한 방법은 예수님을 찾는 길임을 깨닫게 하옵소서.

살면서 맞닥뜨리는 힘든 상황을 호전시켜 주시고 고난을 이길 힘을 주옵소서.

병든 세포에도 주님의 사랑이 임하시면 회복될 것을 믿사오니 교우들이 앓고 있는 질병을 십자가에서 확증한 사랑으로 치유하여 주옵소서.

지금도 이 땅 어디에선가 불평 한마디 없이 주님의 고난과 부활과 구원을 외치는 신실한 사역자들을 위로해 주옵소서.

이름 없이 빛도 없이 한평생 낙도나 오지, 농어촌에서 한 영혼을 살리기 위해 피땀을 흘리는 주의 종들을 기억해 주옵소서.

모진 핍박과 고난 속에서 믿음의 선진들이 흘린 순교의 피가 한 알의 밀알이 되어 이 땅이 복음화되었듯이 우리도 세상 사람들에게 큰 영향을 끼치는 복음의 밀알이 되기를 소망합니다.

유럽 교회는 예배의 처소가 아니라 관광의 대상으로 변하고 우리에게 선교사를 파송해 준 미국도 믿음이 식어가고 있습니다. 복음에 빚진 한국 교회의 헌신적인 선교로 그들도 흔들어 깨우게 하옵소서.

공생애 동안 가난한 자, 병든 자, 장애인들을 위해 사역하신 예수님, 누군가의 도움 없이는 살아가기 힘든 사람들, 이 땅에서는 기댈 곳이 없는 소외된 사람들에게 교회가 안식의 집이 되게 하옵소서.

목양실이나 당회에서 모든 것이 주도되는 교회가 아니라 성도들의 소리에 귀를 기울이며 성도들에 의한, 성도들을 위한 사역이 되도록 영혼을 돌보고 치료하는 일에 최선을 다하는 교회가 되기를 원합니다.

스스로 아무것도 할 수 없는 돌 항아리가 주님 손에서 쓰임 받을 때 하나님의 복을 담는 그릇이 되었듯이 우리 자녀도 가정도 직장도 사업도 하나님께 쓰임 받아 신령한 기적을 담는 그릇이 되기를 간절히 빌고 원하오며 예수 그리스도 이름으로 기도드립니다. 아멘.

(2017. 3. 12. 주일예배)

선한 영향력
그래도 교회가 희망

죽음을 모든 것의 마지막으로 여기는 이 땅에 오셔서 죽음을 새로운 시작으로 바꾸어 놓으신 복음의 예수님께 감사와 찬송을 드립니다.

위로와 사랑과 말씀이 그리워 성전을 찾았사오니 예배하는 저희를 만나 주시고 하나님 홀로 영광 받으시옵소서.

예배의 감격을 온몸으로 느끼며 주일을 거룩하게 지키는 교우들이 되게 하옵소서.

이 시간 선포되는 진리의 말씀과 성령의 감화를 통해 죄인에게는 사죄의 은총이, 상처받은 자에게는 위로가 되고 세상을 꿋꿋하게 살아갈 용기와 힘을 주옵소서.

제사보다 나은 순종을 드리고 인간에 대한 순종이 아니라 오직 하나님과 말씀에 순종하기를 원합니다.

아프고 억울해서 눈물지으며 절규하는 교우들의 기도가 땅에 떨어지지 않고 금 대접에 담겨 하나님께 상달되기를 소원합니다.

설날을 맞아 가족과 즐거운 한때를 보내게 하심을 감사하옵고, 하나님과 불편한 가족이나 가족 간에 불편한 관계가 없게 하시고 온 가족이 하나님의 사랑으로 뭉쳐 거룩한 뜻을 이루는 공동체가 되게 하옵소서.

외롭게 명절을 맞이한 사람들에게는 누구도 혼자는 아니고 항상 함께 있어 주는 하늘과 그의 위로를 느끼길 비옵고 초상을 당한 유족에게도 부활신앙으로 슬픔을 추스르게 해 주옵소서.

교우들이 힘겹게 살면서 흘리는 모든 눈물을 주님께서 닦아 주시고 교회 안에서 조금도 소외당하는 사람이 없기를 기도합니다.

우리 교회가 율법주의나 물질주의, 인본주의나 신비주의의 터가 아닌 복음의 터 위에 세워져서 건강하게 부흥 성장하게 하옵소서.

끊임없이 성찰하고 개혁하여 회복의 역사가 일어나 세상에 선한 영향력을 끼칠 때 그래도 교회가 희망이라고 여기는 한 해가 되기를 원합니다.

우리는 형편이 나아져도 감사에 인색합니다. 채움에 집착하여 잃어버린 감사를 비움의 영성으로 되찾게 하옵소서.

한 해를 시작하는 마음으로 한결같이 살아가게 하시고 우리의 생각과 말, 발걸음이 주의 법도를 벗어나지 않게 하옵소서.

하나님을 절대적으로 신뢰하고 시련을 통해 연단한 견고한 믿음을 가진 신앙인이 되게 해 주옵소서.

38년 동안 앓아누워 베데스다 연못만 쳐다보던 절망의 병자에게 "일어나라, 자리를 들어라, 걸어가라"고 하신 주님, 지금 질병으로 고통받는 교우들에게도 이 세 마디 말씀을 해 주시기를 간절히 빌고 원합니다.

세상 염려와 고통 때문에 하나님께서 우리를 사랑한다는 사실을 조금도 의심하지 않게 하옵소서.

어떤 고난과 환난도 우리를 하나님과의 관계에서 끊을 수 없고 하나님의 사랑으로부터 떼어 놓을 수 없음을 믿습니다.

지금도 세계 도처에서 토착민의 냉대와 배척, 풍토병과 생명의 위협을 받아 가며 땅끝까지 증인의 사명을 감당하고 있는 선교사들을 지켜주시고 선교지마다 풍성한 선교의 열매를 맺게 하옵소서.

여호와 하나님, 우리나라를 제사장 나라로 세우시고 주변 열강들을 십자가 복음 아래 무릎 꿇게 하옵소서.

예수 그리스도 이름으로 기도드립니다. 아멘.

(2017. 1. 29. 주일예배)

기어서 걸어서
뛰어서 날아서

　날마다 용서해 달라기에 염치가 없지만 그래도 천지의 주재자이신 하나님께 용서를 구할 수밖에 없는 죄인들에게 자비를 베풀어 주옵소서.
　우리가 순결하고 거룩하며 의롭게 살도록 한순간도 성령의 세심한 지도를 거스르지 않게 하옵소서.

　제자의 발을 씻고 닦으신 주님, 사해처럼 받기만 하고 주지 못해 생명을 낳지 못했고 이웃을 변변히 섬긴 적도 없음을 가슴 깊이 회개합니다.
　기도하려고 눈은 감았지만, 예배를 드리려고 두 손을 모았지만 훼방하는 온갖 잡념을 물리치고 하나님을 향한 기도와 예배에만 집중하게 하옵소서.
　발로 더러운 곳을 가지 말고 혀로 더러운 말을 하지 말고 머리로 더러운 생각을 하지 않는 거룩하고 경건한 삶을 살게 하옵소서.
　예수님과 하나가 되는, 우리 안에 계신 그분의 거룩함이 우리의 삶을 통해 드러나게 하옵소서.

재생 용지로 만든 달력처럼 묵은해를 거울삼아 잘못을 되풀이하지 않는 희망찬 새해가 되기를 소원합니다.

달팽이는 기어서, 소는 걸어서, 말은 뛰어서, 학은 날아서 새해 첫날에 다 같이 출발합니다.

우리 모두 오늘보다 더 나은 내일을 위해 치열하게 살게 하시고 최선을 다했다면 비록 이루지 못했더라도 자신을 격려하며 열심히 살게 해 주신 하나님께 감사의 기도를 올리는 한 해가 되게 하옵소서.

우리에게 비전을 제시해 주시고 비록 역경의 골짜기를 만나더라도 포기하거나 실족하지 않게 하옵소서.

우리가 믿음의 길에서 필연적으로 만나는 모든 시험은 우리의 믿음을 자라게 합니다. 우리의 마지막 시험인 죽음 앞에서도 담대하고 초연할 수 있는 성숙한 신앙인이 되게 해 주옵소서.

유람선이 아니라 구원선이 되어 영혼 구원을 최우선 과제로 삼는 우리 교회가 되게 하시고 신년에 계획한 목회 사역이 은혜 가운데 이루어져 하나님께 영광이 되게 하옵소서.

종교개혁 500주년이 되는 해에 발맞추어 교회 구석구석에 남아있는 세속적인 관행을 닦아내고 예수의 피를 토양 삼아 성장하는 건강한 교회가 되기를 원합니다.

경제 위기, 안보 위기, 정치 위기, 영적 위기에 처한 이 땅을 불쌍히 여기시고, 위기를 기회로 바꿀 수 있도록 하나님께 매달리며 부르짖게 하옵소서.

이스라엘 민족이 국가적 위기에 봉착했을 때 사무엘과 함께 한 미스바의 기도가 나라의 평화를 가져왔듯이 구국 기도에 기독인들이 앞장서게 하옵소서.

양 떼와 함께 웃고 울며, 아픈 상처에 약을 바르고 부러진 다리를 싸매주며 쓰린 가슴을 따뜻하게 안아 줄 목자가 필요한 시대입니다.

이 힘들고 고통스러운 시간이 지나면 참 고마웠다고 교우들의 진심 어린 고백을 들을 수 있는 양의 냄새가 온몸 구석구석에 배어 있는 선한 목자가 되게 하옵소서.

그런 목자가 있는 교회로 양들이 모여들 것이라 기대하며 예수 그리스도 이름으로 기도드립니다. 아멘.

(2017. 1. 1. 주일예배)

연단의
불시험

　우리가 감옥 안에 있지 않고 감옥 밖에 있는 것은, 우리가 사형장 안에 있지 않고 사형장 밖에 있는 것은 우리에게 죄가 없어서가 아니라 오직 하나님의 은총인 줄 알고 감사를 드립니다.

　우리 안에 선한 것이 조금도 없음을 고백하고 사람의 속성이 얼마나 악한지를 알기에 회개하며 용서를 구합니다.

　성령은 우리에게 손님이 아니라 주인이 되셔서 우리의 모든 것을 주관하옵소서.

　만일 죄가 우리를 다스리면 우리 안에 있는 하나님은 떠납니다. 하나님께서 우리를 다스리셔서 우리 안에 있는 죄를 몰아내고 깨끗한 세마포 옷으로 갈아입게 하옵소서.

　소중한 시간을 감옥에서 지내고 있는 죄수, 장기수, 양심수들과 실직자, 해고 노동자, 외국인 노동자, 유학생들, 아픔과 슬픔을 안고 살아가는 수많은 사람의 가슴 속에도 복음을 통하여 주님이 주신 위로와 기쁨이 깃들기를 기도합니다.

우리의 입술은 사랑을 말하는데 마음은 미움으로 가득하지 않습니까? 말로만 사랑하지 말고 행동으로 실천하게 하옵소서.

우리의 삶이 하나님과 막힌 곳이 없는지 점검하고 그분과 바른 관계를 맺어 불확실한 미래가 기대와 기쁨으로 가득하게 하옵소서.

우리는 같은 배를 탄 공동 운명체인데 국가라는 배가 급속히 기울고 있습니다. 침수를 막기는커녕 가라앉는 배에 구멍을 뚫는 사람도 있습니다. 국가와 민족과 후세를 위해 중심을 잡고 안보 위기, 경제 위기, 정치 위기를 극복하여 힘차게 도약할 수 있도록 이 민족을 바른길로 인도하여 주옵소서.

흩어지는 공동체가 되어 밖으로 나가 세상의 소금과 빛의 사명을 다하는 교회, 세상의 필요를 채워 주는 교회, 세상 속에서 선한 영향력을 발휘하는 교회가 되게 하옵소서.

우리가 보고 들은 것을 말하지 않을 수 없는 뜨거운 심정으로 하나님의 심판과 예수 그리스도의 사랑을 알리는 복음 전파의 사명을 다하여 믿는 자가 날마다 더해지기를 기도합니다.

그리스도를 등에 업고 다니는 사람들로서 그리스도를 높이고 사랑하고 섬기며 그분의 삶과 정신과 발자취를 따라가는 크리스천이 되기를 소원합니다.

우리가 지고 온 많은 짐들, 혼자 괴로워하지 말고 여호와께 맡기고 몸과 마음과 뜻을 다하는 예배 시간이 되게 하옵소서.

우리도 베다니의 마리아처럼 주님께 단 한 번이라도 감동을 드릴 수 있는 신앙인이 되게 하시고 지극히 높으신 주님께 우리가 가진 최상의, 최선의 것을 드리는 삶의 예배자가 되기를 원합니다.

우리를 연단하려고 주시는 불시험이라면 어차피 썩을 육체를 통해 그리스도의 영광을 드러내고 고통을 극복할 힘을 주옵소서.

병 낫기를 간구하는 교우들을 치료하여 주시고 질병의 고통 위에 있는 구원의 감사로 육신의 아픔도 잘 극복하기를 기도합니다.

우리의 기도가 자신의 욕망을 구하는데 치우치지 말고 하나님의 뜻을 구하는 기도가 되기를 간절히 빌고 원하오며 예수 그리스도 이름으로 기도드립니다. 아멘.

(2016. 11. 27. 주일예배)

말씀으로
아름답게 물드는 세상

회중도 아니고 설교자도 아니고 오로지 거룩하신 삼위일체 하나님만이 찬송과 영광을 받으시옵소서.

교회다운 교회를 만들기 위해 노력한다고 하지만 능력과 역량이 미치지 못함을 용서해 주옵소서.

예수님께서 33년 동안 죄 많은 인간을 위해 온갖 수욕을 참고 견디시며 여섯 시간 십자가에 달리신 주님, 우리도 예수님처럼 낮아져서 섬기는 삶을 살게 하옵소서.

그리스도인은 교회 안팎에서 본이 되게 하시고 믿지 않는 사람들에게도 귀감이 되어 복음에 기초한 윤리적 삶을 살아 하나님의 영광을 드러내기 원합니다.

우리가 드리는 예배가 세속화되어 인간 중심으로 변하지 않게 하시고 오직 하나님 중심의 예배가 되게 하옵소서.

예배를 통해 하나님의 임재를 경험하고 나아가 우리의 삶에서 변화된 행동으로 나타나기를 원합니다.

여호와 하나님, 질병으로 예배에 참석하지 못한 교우들, 이런저런 지병으로 고통받는 교우들을 깨끗이 고쳐 주옵소서.

균형을 잃어가는 한국 교회가 믿음의 행위가 있고, 사랑의 수고가 있고, 소망의 인내가 있는 데살로니가 교회 같은 공동체가 되게 하옵소서.

한국의 정치, 경제, 사회, 문화, 교육, 예술 등 모든 영역에서 하나님의 뜻이 구현되기를 소망합니다.

한국 경제가 좌표를 상실한 채 침몰하고 있습니다. 수출, 내수, 투자가 위축되며 일자리가 사라지고 실업 문제와 서민 대중의 체감 경기가 이미 심각한 수준입니다.

여야, 노사, 너와 내가 눈앞의 작은 이익만 고집하지 말고 한국 경제가 몰락하지 않도록 국민적 합의와 국가 지도자들의 멸사봉공 리더십을 발휘하여 한국 경제가 활력을 되찾게 해 주옵소서.

지금도 크리스천이라고 하지만 교회 주변을 서성이고 있는 수많은 사람과 그의 가족들 다시 하나님의 공동체 안으로 인도하여 주옵소서.

다시 한번 강권하여 내 집을 채울 수 있도록 영혼을 구원하여 제자 삼는 교회가 되게 하옵소서.

세계를 경영하시는 하나님, 나로부터 시작하여 가정, 교회, 나라, 온 인류를 구원하시려는 하나님의 계획을 이루는데 미약하나마 우리가 밑거름이 되기를 원합니다.

자녀는 자신의 소유가 아니라 하나님의 자녀임을 인식하고 그 소중한 자녀를 하나님의 뜻에 따라 양육하게 하옵소서.

우리가 신실한 믿음의 가정을 이루어 소중한 믿음을 자녀들에게 전수하여 여호와를 경외하는 다음 세대가 되게 하시고 여호와를 모르는 다른 세대가 되지 않도록 도와주옵소서.

우리 교회 교역자들 늘 아비 같은 마음과 어미 같은 심정으로 주께서 맡기신 양 떼를 돌보게 하시고 해산의 수고를 아끼지 않는 목회자들이 되게 하옵소서.

말씀을 대언할 때 철저히 성경 말씀에 기초하여 하늘의 숯불로 교우들의 심령을 태워 심금을 울리는 은혜의 설교가 되게 하옵소서.

단풍으로 산하가 아름답게 물들어 가듯 하나님의 뜻대로 이 세상이 진리의 말씀으로 아름답게 물들기를 간절히 빌고 원하오며 예수 그리스도 이름으로 기도드립니다. 아멘.

(2016. 10. 23. 주일예배)

진노의
채찍

오곡백과를 무르익게 하신 하나님을 찬양하며 추석 명절을 맞아 슬픔도 기쁨도 함께 나누고 평소 부족했던 효도와 가족의 소중함을 깨닫게 하심을 감사합니다.

육신의 고향을 찾아 만남의 기쁨을 나눈 가족들 영원한 본향에서도 함께 하길 기도합니다.

우리를 예배자로 지으신 하나님, 다른 무엇보다 하나님 앞에 참된 예배자로 서게 하옵소서. 세상의 근심, 오락, 잡념, 휴대폰에 소중한 시간을 빼앗기지 않도록 신령과 진정으로 드리는 예배가 되게 하옵소서.

오늘을 살게 해 주신 주님, 오늘을 살았다고 내일을 살 수 있을지 모르는 인생입니다. 요단강 건너를 보는 믿음, 새 하늘과 새 땅을 보는 믿음, 부활에 대한 확고한 믿음을 주옵소서.

언제 어떻게 부르시더라도 비굴하지 않고 의연하게, 감사하고 기쁜 마음으로 그 부르심에 응답할 수 있는 믿음의 권속들이 되게 해 주옵소서.

모든 이름 중에서 으뜸이신 예수님, 평생 그의 이름을 위해 살고 거룩한 이름을 훼손하지 않으며 그의 사랑에 감격하여 주님만 따라가기를 소원합니다.

거룩함이 있어야 할 자리에 세속이 자리하고 있습니다. 하나님께서 거룩하심으로 우리도 세속을 버리고 거룩함을 회복하게 하옵소서.

하나님께 쓰임 받기 위해 구별된 삶, 성별 된 삶을 살게 하옵소서.

어려움을 겪고 있는 교우들, 버티고 극복할 힘을 주옵소서.

하나님의 크신 능력을 의지하여 우리가 답답한 일을 당해도 낙심하지 않고 박해를 받아도 좌절하지 않으며 거꾸러뜨림을 당해도 다시 일어나게 하옵소서.

투병하는 교우들 자비를 베푸셔서 치료의 광선을 비추어 주옵소서. 병상에서 잠시 무거운 짐 내려놓고 진정한 안식과 평화를 누리고 다시 삶의 터전으로 나갈 수 있도록 치료의 은혜를 베풀어 주옵소서.

한국 교회 청년 세대가 무너지고 있습니다. 대학 캠퍼스의 복음화를 위한 신실한 종들이 많아지고 군 선교에 교회가 적극적으로 참여하게 하시고 반기독 청년들도 복음을 듣고 주님을 만나게 하옵소서.

바벨론에 의해 폐허가 된 조국을 바라보면서 흐르는 눈물을 주체할 수 없었던 예레미야 시대와 오늘의 상황이 너무나 비슷합니다.

아름다웠던 시가지가 잿더미가 되고 화려했던 성전이 무너지고 수많은 백성이 죽임을 당할 수 있는 위기의 시대에 북핵 대응법을 놓고 마치 다른 나라 사람들처럼 싸우고 있는 우리들의 어리석음을 용서하옵소서.

자연재해와 북핵의 위기 앞에서 진노의 채찍을 거두시고 자비를 베풀어 주옵소서.

예레미야가 보았던 칠흑 같은 어둠 속에서 비치는 한 줄기 희망의 빛을 우리 민족에게도 보여 주옵소서.

목사님께 연구하고 조직하고 표현하고 교육하는 은사를 주셔서 선포하는 말씀마다 은혜가 넘치게 하시고 집을 떠난 탕자를 아버지의 집으로 돌아오게 하는 능력의 말씀을 준비하게 하옵소서.

예수 그리스도 이름으로 기도드립니다. 아멘.

(2016. 9. 18. 주일예배)

진정한 광복
칼을 보습으로 창을 낫으로

죄 많은 인간을 위하여 자신을 버리시고 향기로운 제물과 희생 제물이 되어 주신 예수님의 은혜에 감사를 드립니다.

주님 앞에서 죄 없는 사람은 아무도 없고 그나마 용서받은 죄인으로 살아가는 것은 십자가 보혈의 은혜임을 고백합니다.

하나님의 임재를 갈망하며 정성과 마음을 쏟아 드리는 우리의 진실하고 순전한 예배가 하늘에 열납 되어 천국 문을 여는 열쇠가 되기를 원합니다.

주님, 사랑으로 긍휼을 베푸셔서 교우들의 온갖 질병을 고쳐 주시고 교우들의 영육 간의 필요를 채워 주옵소서.

더위를 통해서 오곡을 영글게 하시고 백과에 단맛을 더하시는 하나님, 연일 계속되는 폭염에 건강을 잃지 않게 하옵소서.

우리의 얼굴에 드리워진 내일에 대한 근심의 어두운 그림자를 걷어내고 항상 구원받은 자의 기쁨과 행복이 넘치는 삶을 살게 하옵소서.

우리는 곧 쇠락하여 무너질 장막에 뜻을 두지 말고 하늘에 있는 영원한 집을 사모하는 지혜자가 되게 하옵소서.

고난과 절망의 극한 밤을 통해서도 삶의 의미와 가치를 발견하는, 정금같이 순수한 신앙인으로 살기를 원합니다.

주님께 영혼을 맡긴 자는 고난을 두려워하지 않습니다. 소망이 있기에 평안합니다. 우리 안에 주님의 평안이 영원하기를 소망합니다.

교우들이 섬기는 교회를 통해 시험에 들지 않기를 기도합니다.

우리 교회가 경제적 어려움을 겪거나 영혼이 상처 입은 사람들에게 기댈 언덕이 되게 하옵소서.

우리 교회가 주님의 손과 발이 되어 전하고 가르치고 치유하는 일에 모범이 되게 하옵소서.

지구촌 축제가 열리고 있는 브라질 리우에 불상사가 일어나지 않도록 지켜주시고 육적인 경기도 중요하지만, 영적 경주에서 낙오되지 않도록 우리의 영성을 강화하여 주옵소서.

멸시와 박해를 받으면서도 신앙을 소중하게 지켰던 선진들의 뜨거운 믿음을 본받아 박해자들의 가슴을 녹이고 어두운 이 세상을 변화시키게 하옵소서.

일제 36년간 독립을 위해 목숨을 내놓고 항거한 애국지사들과 신앙인들의 희생을 잊지 않게 하옵소서.

내일이 광복 71주년, 남북 분단 71주년인데 아직도 반쪽의 광복에 남남끼리, 남북끼리 핵과 사드 문제로 갈등, 반목하며 조국의 가슴에 멍이 들고 열강의 틈바구니에서 백척간두의 위기에 놓여 있습니다.

미가 선지자가 외친대로 한반도에도 칼을 쳐서 보습으로, 창을 녹여 낫을 만드는 진정한 광복의 자비를 베풀어 주옵소서.

설교 중에 성령께서 임재하셔서 하나님을 떠나 원수 되었던 죄인이 십자가 복음을 듣고 그리스도를 구주로 믿어 하나님과 화해하고 용서받고 의로워지게 해 주옵소서.

분주하고 메마른 삶을 사는 현대인들의 심령이 찬양을 통해 치유 받기를 원합니다.

성악으로, 기악으로 수종 드는 찬양대원들, 구원의 은혜에 감사하여 열정과 정성으로 준비한 찬양이 향기처럼 하늘로 올라가 주의 보좌를 움직이게 하옵소서.

예수 그리스도 이름으로 기도드립니다. 아멘.

(2016. 8. 14. 주일예배)

천국의 입성을 알리는
나팔 소리

아무리 씻고 반성하고 수양한다고 해도 우리의 힘으로는 해결할 수 없는 죄를 십자가 희생으로 대속해 주신 주님의 은혜에 감사를 드립니다.

예수님은 내 마음의 손님이 아니라 주인으로 모시고, 주님을 위해 존재함을 고백합니다.

우리는 습관적이고 형식적인 예배가 아니라 하나님을 사랑하는 뜨거운 열정과 구원의 감격에서 우러나는 예배가 되게 하옵소서.

반드시 하나님께서 임재하시고 만져 주셔서 교우들의 상한 육체와 심령을 치유하는 은혜의 예배가 되게 하옵소서.

병상에서 치료 중인 교우들 속히 회복하여 함께 예배드릴 수 있기를 간절히 기도합니다.

가정적으로, 환경적으로 차마 말할 수 없이 아픈 가시를 지닌 교우들, 육체의 가시가 바울을 능력의 사도로 세우셨듯이 우리의 가시도 정금 같은 삶으로 승화하기를 소원합니다.

찌르면 아프고 건드리면 깨어지는 연약한 인간이지만 넘어져도 다시 일어나고 시험과 고난도 믿음으로 감당할 수 있는 권속들이 되게 하옵소서.

살아간다는 것은 곧 죽어간다는 것임을 깨닫고 남은 생애가 의미 있고 가치 있게 하시고 부활의 첫 열매이신 주님을 더 가까이 모시고 사랑하게 하옵소서.

인생의 죽음을 준비하고 부활을 기다리는 영성을 가슴에 품고 더 겸허하고 낮은 자세로 희생과 섬김의 삶을 살게 하옵소서.

자식이 애를 먹이고 허리둘레가 늘어나고 머리카락이 하얗게 세도 모두가 살아 있음과 구원의 은혜에 감사하고 기쁨의 찬송을 부르게 하옵소서.

행복의 근원이 감사임을 깨닫고 감사절에만 감사할 것이 아니라 항상 감사하고 여호와께서 주실 때도 감사하고 취하실 때도 감사하는 성도가 되게 하옵소서.

우리가 복음을 전할 때 성령의 역사와 회심의 역사가 일어나 전도의 열매가 있기를 간절히 기도합니다.

밤이 되면 이곳저곳에 반짝이는 인류를 구원한 영원한 상징인 그리스도의 십자가가 이 지역과 이 민족을 구원해 주옵소서.

언젠가 천군 천사의 나팔 소리가 울릴 때 그 나팔 소리는 심판을 알리는 소리가 아닌 천국의 입성을 알리는 기쁨의 소리가 되도록 영원한 세계를 준비하는 지혜로운 자가 되게 하옵소서.

한국의 미래와 한국 교회 및 세계 선교의 차세대 지도자로 성장하고 있는 청소년들, 청년들, 국군장병들에게 건전한 가정 문화와 사회 문화를 계승하여 동성애를 추방하고 할랄 식품과 이슬람 대학 설립 등 무슬림의 문화적, 종교적 침투를 막을 수 있는 지혜를 주시옵소서.

할렐루야 찬양대가 한 소절, 한 곡조를 준비할 때마다 정성을 담게 하시고 그 간절함이 하늘에 닿아 주의 보좌를 움직이는 아름다운 화음이 되게 하옵소서.

자기 사상이나 자기 지식을 가르치는 것이 아니라 하나님께서 하시고자 하는 말씀을 대신 전하는 시간입니다.

순수 복음에 기초한 하나님의 말씀을 대언할 때 은혜의 설교가 되어 성도가 변화되고 교회가 성장하기를 간절히 빌고 원하오며 감사의 근원 되시는 예수 그리스도의 이름으로 기도드립니다. 아멘.

(2016. 7. 3. 주일예배)

영정 앞의
후회

　말로만 믿는다 하고 말씀대로 행하거나 살지 못하는 때가 많음을 용서해
주옵소서.

　예배하는 자를 찾으시는 주님, 사람 중심의 예배가 되지 않게 하시고 오
로지 하나님 중심의 예배가 되게 하옵소서.

　진실한 예배자로 주님께 나아오게 하시고 '영과 진리'로 예배하는 자들이
되게 하옵소서.

　우리는 무거운 삶의 짐을 지고 주님께 나왔습니다. 민생고로 지친 사람,
질병으로 고통받는 사람, 정신적으로 포로 된 사람에게 양식과 치유와 자유
를 주옵소서.

　우리 모두 주님 앞에 나아올 때마다 감사와 찬송으로 하나님께 영광 돌리
기를 원합니다.

　원망과 불평의 연기가 아니라 항상 감사와 찬양의 향기를 피워 올리는 기
독인이 되게 하옵소서.

감사하는 자에게 더 감사하게 하고 찬양하는 자에게 더 찬양하게 하시는 하나님, 감사가 만복의 통로인 것을 알게 하시고 지극히 작은 것에도 감사하는 성도가 되게 하옵소서.

주님, 신앙생활이 행복하지 않다면 하나님을 잘못 믿고 있는 것이겠지요?
타성에 젖어 구원의 감격이 무디어질까 염려하며 날마다 생명의 양식을 먹고 구원의 감격 속에서 살기를 소원합니다.

언제나 일방적인 사랑만을 베풀어 주시던 부모님, 낳으시고 기르신 수고를 까마득히 잊고 살기 바쁘다고, 늙고 병들었다고, 자신도 모르게 부모에게 소홀하지 않았습니까?
효도해야 하는데 망설이거나, 효도해야 했는데 후회하지 말고 지금부터라도 부모님 말씀을 하나님 말씀 다음으로 순종하고 정성으로 봉양하며 마음을 편안하게 해 드리는 자녀들이 되게 해 주옵소서.
아직도 불신 부모라면 영혼 구원이 무엇보다 시급합니다. 영정 앞에서 후회하지 말고 절박한 심정으로 주님께 부모 구원을 간구합니다.
"아비를 조롱하며 어미 순종하기를 싫어하는 자의 눈은 골짜기의 까마귀에게 쪼이고 독수리 새끼에게 먹히리라"는 주님의 경고를 가슴에 깊이 새기는 뜻있는 어버이주일이 되기를 기도합니다.
우리의 자녀들이 자라 심령이 강하여지며 교회와 사회와 민족을 위해 인재를 많이 배출하는 교회가 되게 하옵소서.

저성장, 저출산으로 한국 경제가 위기를 맞고 있습니다. 경제 위기 극복이란 국민적 합의를 통해 우리 실정에 맞는 적절한 성장 전략을 추진하여 이 위기를 슬기롭게 극복하도록 도와주시옵소서.

입대한 우리 교회 젊은이들, 군무를 잘 수행할 수 있도록 건강과 안전을 지켜주시고 십자가 군병이 되어 군 복음화에 밑거름이 되게 하옵소서.

두 달란트 직분이든 다섯 달란트 직분이든 교회의 다양한 직분은 계급이 아니라 섬김의 역할 분담임을 깨닫고 맡겨진 임무에 충성하는 청지기가 되게 하옵소서.

오늘날 우리가 염려하고 두려워하는 것은 하나님의 주권을 인정하지 않는다거나 하나님의 존재를 의심하는 사회 풍조입니다. 우리 모두 하나님의 주권 앞에 무릎을 꿇고 은혜만을 사모하는 신앙인이 되게 하옵소서.

예수님 이름으로 기도드립니다. 아멘.

(2016. 5. 8. 주일예배)

우상 숭배의
망령

입술로는 주님을 사랑한다고 하면서 돈을 사랑하고 권력을 사랑하고 쾌락을 사랑하고 때로는 하나님과 세상을 겸하여 사랑했음을 회개합니다.

하나님만이 유일하신 절대자요 창조주요 구원자이심을 고백합니다.

편지로, 방문으로, 미디어로, 미혹하는 신천지와 이단에게 현혹되지 않도록 지켜주옵소서.

하나님께 기도하고 하나님의 음성을 듣고 하나님과 교통하고 하나님의 응답을 받는 예배가 되게 하옵소서.

우리는 하나님의 영광을 드러내기 위한 소명 의식을 갖게 해 주시고 하나님의 영광을 드러내기 위한 도구로 사용하여 주옵소서.

우리는 하나님의 형상에 따라 지음받은 작품이고 자녀인데 낙심하거나 열등감에 빠져 잠시라도 하나님의 자녀임을 잊지 않게 하옵소서.

어느 순간 부패와 음란이 들어온 교회가 신뢰를 잃고 있습니다. 교회가 정화되어 흔들리는 교우들을 성령의 밧줄, 은혜의 밧줄로 주의 제단에 꽁꽁 묶어 주옵소서.

질병, 가난, 사별, 이혼, 실직, 고독으로 상처받고 아파하는 교우들에게 연제제일교회 공동체가 공감과 위로와 치유의 힘이 되게 해 주옵소서.

주일학교 어린이들이 눈에 띄게 줄어들고 청년들이 교회를 떠나고 있는데도 말로만 걱정하고 있을 뿐 대안이나 해결책에 대해 고민하는 모습이 미흡합니다.

긍휼의 주께서 청소년들과 젊은이들의 고뇌의 눈물을 보시고 다음 세대의 미래를 열어 주옵소서.

자녀를 학대하거나 폭력으로, 동반 자살이란 이름으로, 자녀를 죽이는 일들이 자주 일어나고 있습니다.

자식은 부모의 소유가 아님을 인식하게 하시고 하나님께서 선물로 주신 자녀를 맡아 있는 동안 기독교 세계관에 따라 세상을 바꿀 수 있는 기독 인재로 양육하여 다음 세대로 신앙을 전수하는 부모가 되게 하옵소서.

선교를 위해 설립했던 기독교 학교는 민족 교육과 지역의 복음화와 한국의 개화와 근대화에 큰 공헌을 하였으나 평준화 정책으로 자율성을 잃어버리고 하나님을 가르치지 못하고 있습니다.

건학 이념에 따라 학생을 선발하고 기독교 교육을 할 수 있도록 자율성을 되찾게 해 주옵소서.

우리들의 가정과 일터가 전도 지역이며 바로 내 옆에 있는 일가친척, 친구, 동료가 전도 대상임을 뼈저리게 자각하고 늦기 전에 전도에 애쓰는 기독인이 되게 해 주옵소서.

이 나라와 민족을 일으켜 세계 선교를 이루게 해 주시고 지금도 이방 종교의 근본주의자들과 각종 질병과 가난과 척박한 환경에서 자신의 안전이나 생명까지 아끼지 않고 헌신하는 목회자와 선교사들을 지켜 주시고 힘을 실어 주옵소서.

바알숭배 때문에 하나님의 채찍을 맞은 이스라엘 자손들이 70년 동안 고난을 겪었음을 기억합니다. 우상 숭배가 우리 가정, 우리 교회에는 없는가요? 우리 교단, 우리나라에는 없는지요?

우상 숭배의 망령에서 벗어난다면 하나님은 핵을 뛰어넘어 독일처럼 평화 통일의 자비를 베풀어 주실 것을 믿고 간구하며 예수님 이름으로 기도드립니다. 아멘.

(2016. 3. 13. 주일예배)

우리도 베다니의 마리아처럼
주님께 단 한 번이락도 감동을 드릴 수 있는
신앙인이 되게 하시고
지극히 높으신 주님께
우리가 가진 최상의, 최선의 것을 드리는
삶의 예배자가 되기를 원합니다.

미간의 주름보다
입가의 미소

구속 사역을 완성하신 주님, 이 땅에 사는 자들이 예수님 앞에 모두 무릎 꿇고 입으로 구주라 시인하여 하나님 아버지께 영광 돌리는 주일이 되게 하옵소서.

오늘 주님께 예배드리는 세상 모든 사람에게 그리스도의 은총이 함께 하시길 기도합니다.

바울과 실라가 옥중에서 기도하고 찬송하여 옥문이 열리고 차꼬가 풀렸듯이 지금 우리의 기도와 찬송으로 질병의 옥문이 열리게 하시고 걱정 근심의 차꼬가 풀리게 하옵소서.

무거운 짐을 지고 괴로워하는 교우들, 때로는 하나님께서 그리스도인의 고난 속에 숨어 계시면서 십자가를 지고 나아갈 수 있도록 훈련하고 단련시킨다는 것을 알고 믿음으로 극복하게 하옵소서.

지난해를 돌아보면 자책과 회한뿐이고 새해를 맞이하면 또 새로운 계획과 다짐을 반복하지만 어떠한 경우라도 희망의 끈을 놓지 말고 미간의 주름보다 입가의 미소를 잃지 않는 한 해가 되게 하옵소서.

달려가다가 선한 싸움을 포기하고 기권하여 주님을 버리고 세상 속으로 가버린 사람들, 다시 돌아와 신앙 경주에 동참하여 천국 백성이 되게 해 주옵소서.

요즈음 신세대들은 기성세대들의 말과 행동이 같은지 뚫어지게 지켜보고 있사오니 자녀들 앞에서 부모, 학생들 앞에서 교사, 교인들 앞에서 목회자, 국민들 앞에서 위정자 모두 언행일치의 삶을 살게 하옵소서.

아직도 구석구석에 남아있는 세속적이고 기복적인 관행을 청산하고 "말씀으로 돌아가자"는 칼뱅의 외침에 귀를 기울이는 우리 교회가 되게 하옵소서.

70여 년 동안 바벨론의 관리로 생활해 왔지만, 허물을 찾지 못한 다니엘처럼 인격적으로 깨끗하고 성별 된 삶을 사는 성숙한 신앙인이 되게 하시고 우리나라도 청렴한 공직 사회가 되게 하옵소서.

부정부패로 어두워지고 있는 세상에 우리가 가정과 교회와 사회에서 작은 빛이 되어 그 빛이 모이고 모여 세상이 더욱더 밝아지고 정화되기를 소원합니다.

때로는 분열과 갈등을 통해서도 역사하시는 하나님, 혼돈 속에서 질서를 만드시고 갈등 속에서 새로운 길을 열어 주셨던 하나님, 마른 뼈들이 살아나고 두 개의 막대기가 합하여 하나가 된 것처럼 이제 자비와 긍휼을 베푸셔서 분단을 극복하게 하옵소서.

수소 폭탄 같은 군비 확장을 중단하고 칼을 녹여 보습을 만드는 평화 통일의 대한민국이 되게 해 주시기를 간절히 기도합니다.

연로하신 우리 교회 교우들 기력이 쇠해지고 육신의 눈은 희미해지지만 영안은 날로 밝아져서 남은 삶이 천국에 대한 소망으로 활력이 넘치게 하옵소서.

　　우리 교회 목사님, 신앙과 인격이 훌륭하고 신앙과 삶이 일치하고 사랑과 은혜가 넘쳐 모든 성도가 존경하는 설교자가 되게 하옵소서.

　　맘몬에 휘둘려 좌나 우로 치우치는 목회자가 되지 않게 하옵소서.

　　이 시간, 진리의 말씀이 이른 비와 늦은 비같이 내려 메마른 심령을 적시게 하시고 좌우에 날 선 어떤 검보다 예리한 하나님의 말씀이 우리들 마음 판에 깊이 새겨지게 하옵소서.

　　예수님 이름으로 기도드리옵나이다. 아멘.

(2016. 1. 17. 주일예배)

욕망적 가치
초월적 가치

영원한 천국의 시민권을 주신 하나님께 감사를 드립니다.

천국의 시민권자로서 먼저 그의 나라와 의를 구하고 세상이 추구하는 욕망적 가치를 넘어 영원한 초월적 가치를 지향하게 하옵소서.

배가 세월호처럼 기울어져 가고 있는데 아직도 위기감을 느끼지 못하는 한국 교회, 주님이 조롱을 당하고 존귀하신 하나님의 이름이 훼손되는 책임이 바로 우리에게 있음을 고백하고 참회합니다.

질병으로 고통 중에 있는 교우들을 치료하여 주옵소서.

삶의 짐이 너무 무거워 아프고 고통스러워도 견딜 수 있는 믿음을 주옵소서.

참고 견디는 시간을 통해 심령이 가난한 자, 애통해하는 자에게 복이 있다고 하신 주의 말씀의 참뜻을 깨닫게 하시고 위로가 되게 하옵소서.

세상 모든 것을 다 얻어도 영혼이 기쁘고 평안하지 않다면 무슨 유익이 있겠습니까? 이 예배를 통해 영혼의 기쁨과 평강을 주옵소서.

죽음은 끝이 아니라 영원한 삶의 시작이라는 확고한 믿음으로 고난과 죽음을 두려워하지 않는 신앙인이 되게 하옵소서.

고난 속에서도 구원을 노래하고 죽음의 문턱에서도 주님을 찬송할 수 있는 신실한 믿음의 역군이 되게 하옵소서.

선악을 알게 하는 나무의 실과를 먹으면 죽는다고 하셨는데 금단의 열매를 탐하다가 실족하여 하나님이 주신 귀한 것을 잃어버리는 어리석은 자들이 되지 않게 하옵소서.

온 교회가 다음 세대를 살리는 일에 힘을 모으게 하옵소서.

아동, 청소년, 청년들의 부흥이 없이는 우리 교회의 부흥도 없고 한국 교회의 미래도 없습니다.

새로운 문화적 도구를 선용하여 효과적인 문화 사역으로 다음 세대들이 모여들어 이 교회의 기둥들이 되게 하옵소서.

주의 일을 억지나 의무감에서가 아니라 자원하는 마음으로 수행하여 기쁨과 행복이 넘치는 교회가 되게 하옵소서.

교회다운 교회를 찾으시는 주님, 우리 교회가 주께서 그토록 원하시던 모범적인 교회가 되게 해 주옵소서.

개척 교회와 미자립 교회 사역자들에게 목회에 대한 열정이 식지 않기를 원합니다.

순교를 각오하고 복음을 전해 준 푸른 눈의 선교사들을 잊지 않게 하옵소서.

복음의 빛을 갚기 위해 낯선 땅에서 이름도 없이 빛도 없이 헌신하는 한국 선교사들과 가족들을 지켜주시고 선교의 결실이 있기를 간절히 기도합니다.

모든 환경과 조건을 뛰어넘어 하나님의 발 앞에 엎드리게 하는 것이 복음의 능력인 줄 아오니 살육을 일삼는 무슬림 테러 집단도 기독교 복음 앞에서 무릎을 꿇게 하옵소서.

우리 교회 목사님, 성도들에게 군림하거나 제왕적 목회자가 아니라 제자들의 발을 씻기는 주님처럼 낮은 곳에서 섬기는 목회자가 되게 하옵소서.

이 시간, 말씀을 들을 때 단순히 귀를 통해 수동적으로 듣지 말고 영혼의 귀를 열고 마음으로 듣게 하시어 사막 같은 황량한 우리의 심령에 은혜의 단비가 되게 하옵소서.

예수님 이름으로 기도드리옵나이다. 아멘.

(2015. 11. 22. 주일예배)

생명 경시
풍조

십자가 사랑으로 우리를 구원하여 자녀 되는 권세를 주신 하나님 아버지께 감사드리며 영원히 그의 이름을 송축합니다.

성령의 도움 없이는 우리 육신은 하나님의 말씀대로 살 능력이 없사오니 우리를 다스려 주옵소서.

"전능하사 천지를 만드신 하나님 아버지를 내가 믿사오며", 입으로만이 아닌 진심 어린 우리의 신앙고백이 되기를 원합니다.

불효자식들 때문에 주님의 이름이 땅에 떨어져 있습니다. 우리의 언행과 진실한 삶을 통해서 아버지의 이름이 거룩히 여김을 받으시기 원합니다.

이 시간 하나님을 예배하는 것 외에 그 어떤 것에도 마음을 빼앗기지 않도록 정성을 다하고 목숨을 다하고 뜻을 다하여 하나님을 사랑하는 예배가 되게 하옵소서.

오늘은 명절이기 전에 예수님이 주인이신 주일임을 먼저 기억하여 거룩하고 경건한 주의 날이 되기를 기도합니다.

초대 교회 사도들과 성도들은 안식 후 첫날에 부활하신 주님을 만나 하나님의 위대한 구원 계획이 성취되었음을 깨닫고 기쁨을 회복하였듯이 우리도 기쁨을 되찾는 주일이 되게 하옵소서.

명절이 되면 궁핍함과 외로움과 질병이 더 큰 아픔으로 다가오지만 잠시 잊게 하시고 즐거움을 나누게 하옵소서.

여호와는 나의 목자시니 부족함이 없고, 소출과 식물이나 양과 소가 없어도 여호와를 인하여 즐거워하며 구원의 하나님을 인하여 기뻐한다는 고백처럼 모든 교우는 그 무엇보다 여호와로 인하여 즐겁고 기쁜 한가위가 되기를 간절히 빌고 원합니다.

사람의 목숨을 가볍게 여기는 생명 경시 풍조가 만연하여 자살과 살인으로 우리를 안타깝게 하고 있습니다.

하나님이 창조주 되심을 믿어 피조물 인간에게서 하나님의 형상을 보고 서로 사랑하고 존중하며 귀하게 여기는 생명 중시의 사회가 되게 하옵소서.

즐거운 명절에 가족 간에 용서하고 화해하고 영혼 구원의 기회가 되게 하시고, 가족 간의 갈등으로 불미스러운 일이나 오고 가는 길에 사고가 발생하지 않도록 지켜주옵소서.

천사를 사용하시기보다는 연약한 인간을 통해 위대한 역사를 이루어 가시는 주님, 비록 보잘것없는 질그릇이지만 깨끗한 빈 그릇이 되어 하나님께 귀하게 쓰임 받기를 간절히 빌고 원합니다.

하나님께서 맡기신 양들이 푸른 초장에 있는가, 양들의 상황과 형편을 부지런히 살피고 헤아리는 목자가 되게 하옵소서.

"나를 따르라"가 아니고 "예수님을 따르라"고 외치는 목자가 되게 하옵소서.

말씀 준비에 전심전력을 다하게 하시고 남다른 영성으로 지성을 뚫는 말씀, 죄악의 비늘이 벗겨지고 영안이 열리는 은혜의 말씀을 선포할 수 있는 귀한 목자가 되게 해 주옵소서.

오늘도 말씀을 들음으로 변화가 일어나고 말씀을 통해서 신령한 만나를 풍성하게 공급해 주옵소서.

열악한 환경에서 하나님 나라 확장을 위해 헌신하는 농어촌 목회자들과 해외 선교사들을 위로해 주시고 신령한 복을 내려 주옵소서.

예수님 이름으로 기도드리옵나이다. 아멘.

(2015. 9. 27. 주일예배)

건강 검진
신앙 검진

광야 같은 인생길을 걸으면서도 영원한 본향을 소망하는 것은 그리스도의 대속의 은혜인 줄 알고 감사와 찬양과 영광을 돌립니다.

하나님의 뜻대로 살기를 원한다면서 때로는 내 뜻과 내 주장을 앞세웠던 지난 시간을 회개합니다.

이 귀한 시간, 하나님을 만나고 은혜를 받고 십자가 구속의 감격을 경험하는 예배가 되게 하옵소서.

계명대로 살지 못해 마음은 늘 무겁고 평안과 기쁨이 사라진 저희에게 이 예배를 통해 평안과 기쁨을 회복하게 하옵소서.

건강 검진으로 건강 상태를 살피듯이 신앙 검진으로 건강한 신앙생활을 할 수 있도록 도와주옵소서.

진심으로 주님을 믿는 것이 아니라 건성으로 교회에 다니는 것은 아닌지, 내 안에 항상 그리스도를 모시고 사는지, 사랑을 실천하며 복음을 증거하는 삶을 사는지 성찰하고 점검하는 예배 시간 되게 하옵소서.

깨어진 관계를 회복시키려고 이 땅에 오신 주님, 하나님과의 관계, 사람과의 관계, 자연과의 관계, 물질과의 관계가 십자가 구속으로 바르게 회복되어 화목과 평강이 넘치는 크리스천이 되기를 간절히 소원합니다.

찬양대의 찬양이 영감 있는 찬양으로 하나님께 영광 돌리게 하시고 교우들을 하나로 묶어 굳게 닫힌 마음의 문을 열게 하시고 메마른 심령을 단비처럼 촉촉이 적셔 주옵소서.

당회장 목사님, 말씀 전하실 때 삼위일체 하나님께서 설교 사역에 간섭하셔서 예배마다 천국의 문을 여닫고, 천하보다 귀한 생명을 죽음에서 삶으로 인도하는 능력 있는 설교가 되게 하옵소서.

분열의 리더십을 가진 목회자가 아니라 인성과 영성을 겸비하여 깨어지고 상처 난 관계를 아우르는 도량이 넓은 목회자가 되기를 기도합니다.

우리 지역에 한국인을 정신적으로 식민지화하려는 왜색 종교의 포교당이 들어서더니 신천지가 안드레지파 본부를 건축하려고 합니다. 단호하게 막아 이단으로부터 순수한 신앙을 지켜주시고 적그리스도에 미혹되지 않도록 양들을 보호하여 주옵소서.

우리의 약점과 약함과 가시들을 통해 주님의 능력이 나타나 육체의 가시와 약함이 하나님께 오히려 영광이 되게 하옵소서.

주님을 위해, 교회를 위해 헌신하며 사명을 감당하다가 입은 상처, 낙심이 아닌 영광의 상흔으로 빛나게 하옵소서.

노약자와 장애인을 배려하고 상처 입은 사람들을 품어 주고 치료해 주는 교회가 되게 하시고 오히려 상처를 받고 정든 교회를 떠나는 안타까운 일이 없도록 사랑이 넘치는 건강한 교회가 되게 하옵소서.

부활하신 후 예수님이 가신 곳이 낮고 천한 사람들이 있는 갈릴리였듯이 우리의 손길도 발길도 갈릴리로 나아가길 원합니다.

강도 만난 사마리아인을 돕는 자가 진정한 친구라고 하셨듯이 어려움을 겪는 이웃을 외면하지 않게 하시고 우는 자들과 함께 우는 한국 교회가 되게 하옵소서.

이스라엘 민족이 바벨론에서 포로 생활 70년 만에 해방되었듯이 광복 70주년을 맞는 대한민국도 국가 발전 앞에서 보수와 진보가3. 하나 되고, 여야가 하나 되고, 세대가 하나 되고, 남북이 하나 되어 진정한 광복의 원년이 되기를 간절히 빌고 원하오며 이 모든 말씀 예수님 이름으로 기도드리옵나이다. 아멘.

(2015. 8. 2. 주일예배)

살리고 키우고 고치는
생명 사역

전에도 계셨고 이제도 계시고 장차 오실 주님을 앙모하며 찬양과 경배를 드립니다.

절제하거나 삼가지 않음을 용서하시고 미움, 시기, 질투, 혈기, 탐욕을 십자가에 못 박고 성령의 열매가 우리의 삶 속에서 영글게 하옵소서.

우리 모두 미스바에서처럼 회개하고 에벤에셀의 도움으로 하나님께만 영광 돌리기를 간절히 빌고 원합니다.

오늘 우리 교회를 모처럼 방문한 형제자매들의 첫걸음이 복되게 하시고, 이 예배를 통해 하나님을 만나고 하늘나라 비밀번호를 알게 하셔서 천국 문이 열리게 하옵소서. 인생 문이 열리게 하옵소서.

매일같이 무서운 속도로 감염자와 격리 대상자가 늘어나는 메르스의 공포에서 의료진과 온 국민이 힘을 합하여 슬기롭게 벗어나게 하옵소서.

믿음으로 구원을 받았으니 믿음으로 살기를 원합니다. 담대한 믿음으로 시련과 역경을 극복하게 하옵소서.

하늘 보좌에 앉으셔서 만군을 거느리고 통치하시는 하나님을 믿음으로 세상을 이기게 하옵소서.

세상은 불의와 죄악과 사탄이 득세하는 것 같지만 보좌에 앉으신 하나님께서 다스리고 계신다는 사실을 잊지 않게 하옵소서.

교회 안에서 십자가 지는 것을 기피하지 않게 하시고 주의 일을 위해 오벳에돔처럼 자원해서 십자가를 지고 헌신하는 교우들이 되게 하옵소서.

한국 교회는 다시 한번 개혁과 갱신으로 반기독교 정서를 극복하고 안티 기독교의 공격에 대응하기 위해 힘을 하나로 모으게 하옵소서.

둘이 하나가 된 신혼부부에게는 교회 같은 가정을 가꾸게 하시고 사랑하는 가족을 여읜 가정에는 천국 소망의 믿음이 위로가 되게 하옵소서.

연제제일교회 창립 43주년을 맞아 창립에 초석이 되고 신명을 바쳤던 교우들을 기억하고, 우리 모두 초심으로 돌아가 그들의 순수한 열정과 신앙을 계승하기를 소원합니다.

주님께서 보여 주신 복음으로 사람을 살리고 키우고 고치는 생명 사역의 교회가 되게 하옵소서.

상처를 주는 교회가 되지 말고 상처를 치유하는 교회가 되게 하옵소서.

우리의 가정은 교회 같은 가정이 되고 우리의 교회는 가정 같은 교회가 되게 하옵소서.

성장하지 못하면 영적 생명은 끝나듯이 다음 세대를 잘 양육하여 하나님의 군대로 일어서게 하시어 성장하는 교회가 되게 하옵소서.

우리 교회가 행동하는 믿음으로 소문나게 하시고, 예배에 대한 열정이 뜨거운 교회로 소문나게 하옵소서.

억지로 내는 소문이 아니라 저절로 좋은 소문이 나도록 장점이 많은 교회가 되게 하옵소서.

우리 교회가 진리의 기둥과 터가 되도록 오로지 하나님 말씀만 전하는 강단이 되고 오늘도 준비하신 말씀을 통해서 상처를 치유하고 삶의 소망을 가지며 믿음의 전신 갑주로 무장하는 은혜의 시간이 되게 하옵소서.

예수님 이름으로 기도합니다. 아멘.

(2015. 6. 7. 주일예배)

Prayer / 66 /

응급실로 실려 가는
중환자

하늘 보좌를 내려놓고 오직 죄인들을 위해 임마누엘로 오신 예수님께 영광과 존귀와 찬양을 드립니다.

겨자씨보다 작은 믿음을 가지고 늘 하나님께 투정하고 불평하고 원망만 일삼은 저희를 용서하옵소서.

복을 받아 감사한 것이 아니라 늘 감사함으로 신령한 복을 받게 하시고 세속적인 욕망이 아니라 거룩한 영성을 추구하는 믿음의 성도가 되게 하옵소서.

우리가 평생 쫓아다니는 것들은 훅 불면 사라지는 먼지 같고 모래성 같은 허무한 것뿐입니다. 거룩한 그리스도의 영성을 통해서 인생무상을 극복하게 하옵소서.

우리는 언제나 가장 보람 있고 가치 있는 그리스도를 추구하며 바울의 고백처럼 겉 사람은 후패하나 속사람은 깨끗한 영성으로 날마다 새로워지기를 간절히 빌고 원합니다.

지금 우리는 행복합니까? 죄 사함의 감격과 부활 신앙의 은총 앞에서도 행복하지 않고 불평불만이 가득하다면 아직도 주님을 잘 못 믿고 있는 것이지요?

지금 사람들은 먹고 마실 것이 없어서가 아니라 행복하지 않아서 못 살겠다고 아우성칩니다.

우리가 모두 행복하기를 원하시는 주님, 날마다 주님의 사랑을 체험하는 행복한 교우들이 되게 하옵소서.

돌베개를 베고 자야 하는 고달프고 힘든 삶의 현장에서도 우리와 함께하시며 우리를 도우시는 하나님을 늘 잊지 않게 하옵소서.

건강한 교회가 되어 가진 것 없지만 주님을 믿는 바른 믿음 하나로 우리 교회 성도들의 삶에 행복과 기쁨이 가득하기를 간절히 기도드립니다.

우리의 심령이 여호와의 물 댄 동산 같은 옥토가 되어 하나님의 말씀이 자라 우리의 삶에 영성으로 꽃피고 열매 맺게 하옵소서.

이 시간 주의 사자의 말씀 선포를 통해 성령이 꽃비처럼 임하기를 기도합니다.

성령이 충만하여 믿음도 충만해지고 기쁨도 충만해지고 사랑도 충만해져서 행복한 성도와 교회가 되기를 소망합니다.

한국의 목회자들은 구급차를 타고 응급실로 실려 가는 중환자를 살려야겠다는 절박한 심정으로 목양하게 하시고 교사들은 죽어가는 다음 세대를 살려야겠다는 절박한 사명감으로 목양 교사가 되어 주님께서 맡기신 양을 잘 양육하게 하옵소서.

겉옷을 찢는 형식적인 회개가 아니라 마음을 찢는 진정한 회개의 시간이 되게 해 주옵소서.

　한국 교회가 이제 화려한 옷을 다 벗어 버리고 베옷을 갈아입고 재를 덮어쓰고 간절하게 회개해야 할 때임을 우리 모두 자각하기를 간절히 빌고 원하옵니다.

　구약 선지자들과 같이 나라의 안녕과 번영을 위해 합심하여 기도하게 하옵소서.

　정의와 공의가 강같이 흘러 부정부패가 사라지고 뇌물과 권모술수가 통하지 않는 깨끗한 대한민국이 되게 하옵소서.

　할렐루야 찬양대의 찬송 한 소절 한 소절에 정성이 배어나게 하시고 곡조의 간절함이 울림으로 다가와 하나님 보좌를 움직이며 은혜로운 예배의 열매가 되게 해 주옵소서.

　예수님 이름으로 기도합니다. 아멘.

(2015. 4. 12. 주일예배)

내 입에
파수꾼

세상을 향해 열려 있는 감각의 문을 모두 닫고 하나님만 보게 하시고 하나님만 듣게 하시고 하나님만 느끼게 하옵소서.

신앙의 알파이고 오메가이신 주님을 찬양하고 베푸신 은혜에 감사를 드립니다.

주일은 굴레가 아닌 기쁜 날, 존귀한 날, 복되고 거룩한 날임을 믿고 이날을 잘 지키게 하옵소서.

창조와 구속 사건이 연결된 주일을 통해 영적인 쉼을 얻고 새로운 소망을 갖는 거룩한 주의 날로 지키게 하옵소서.

예배는 도구가 아니라 본질임을 깨닫게 하시고 주의 사자를 통해 대언하는 말씀에 은혜받게 하옵소서.

말씀과 찬양과 기도가 어우러진 경건하고 감동적인 예배가 되게 하옵소서.

습관적으로 교회에 다니거나 말씀에 대한 깨달음도 실천도 없는 헛된 시간이 되지 않도록 성령께서 저희의 완악한 심령을 단비처럼 촉촉하게 적셔 주옵소서.

스스로 존재하시고 모든 것을 아시는 하나님은 모든 지식과 지혜의 원천 이심을 고백합니다.

하나님은 창조주시요 만물은 하나님의 피조물이기에 여호와 하나님을 경외하는 것이 지식의 근본임을 알게 하옵소서.

시편 기자의 기도처럼 내 입에 파수꾼을 세워 주시어 사람에게 상처 주고 공동체를 파괴하는 악한 말이 아닌 생명의 말, 은혜의 말을 하게 하옵소서.

우리를 악인의 꾀, 죄인의 길, 오만한 자의 자리에서 떠나게 하시어 신령한 길, 복된 길로 인도하여 주옵소서.

한국의 목자들, 양들을 협박하고 위협하고 윽박지르는 목자가 아니라 쓰다듬고 포용하고 아픈 곳을 감싸 주고 어루만져 주는 선한 목자가 되게 하옵소서.

교우들의 눈물과 땀으로 드린 소중한 교회 헌금이 하나님 나라를 건설하는 데 투명하고 효율적으로 사용되게 해 주옵소서.

추락하고 있는 한국 교회가 사회적 신뢰를 회복하게 하시고 도덕적으로 무흠하고 사회에 기여하는 모범적인 교회가 되기를 간절히 빌고 원합니다.

무너져가는 주일학교를 바로 세워 한국 교회가 1990년대처럼 다시 부흥의 전기를 맞게 하옵소서.

우리 교회 주일학교가 영혼 구원에 총력을 기울이도록 교회 전체가 힘을 모으게 하옵소서.

기독교 예배당이 다출산으로 세계를 정복하려는 이슬람의 모스크로 바뀌고 있습니다.

저출산으로 국가 경쟁력이 약화되고 교회의 미래도 어두워지고 있습니다.

경제 발전으로 취업과 결혼이 원활하게 이루어져 저출산과 신앙의 대가 끊기는 문제가 해결되기를 간절히 기도드립니다.

삶의 무게에 짓눌려 굽은 등으로 하나님께 매달리는 성도들의 기도를 들어주옵소서.

고난의 밤에 오히려 창의적인 생각을 하고 새로운 아침을 맞게 된다는 사실을 믿고 희망의 아침을 기다리는 교우들이 되게 해 주옵소서.

남북 관계는 흡수 통일이나 적화 통일이 아닌, 남북에 하나님 나라를 건설하는 평화 통일이 이루어지기를 간절히 빕니다.

우리가 생활하는 이곳이 시급한 선교지이며 그런 선교적 사명을 감당하기 위해 이곳에 보내셨음을 깨닫고 틈나는 대로 전도자의 사명을 감당하게 하옵소서.

예수님 이름으로 기도드립니다. 아멘.

(2015. 2. 15. 주일예배)

극복과 회복의 열쇠

하나님만을 섬겼습니까? 이웃을 사랑했습니까? 땅끝까지 전도했습니까? 한없이 부족한 저희를 용서해 주옵소서.

십자가에서 단 한 번에 영원한 제사를 지내 믿는 자 모두를 구원에 이르게 하신 주님께 감사와 영광을 돌립니다.

잡념과 졸음의 사탄을 물리치고 우리의 몸을 산 제물로 드리는 경건한 예배가 되게 하시고 영육 간의 안식과 신령한 복을 내려 주옵소서.

말씀을 통해 은혜를 받고 하나님의 임재를 기뻐하며 범사에 감사함으로 온갖 염려를 내려놓는 성숙한 예배가 되게 하옵소서.

신앙의 정절을 지켜 세상과 타협하거나 시류에 영합하지 않게 하시고 입술로 시인한 내용이 삶으로 고백하는 바른 믿음을 갖게 하옵소서.

우리가 가진 믿음의 그릇은 한계가 있지만, 하나님의 능력에는 한계가 없음을 믿고 기적을 담을 믿음의 그릇을 준비하게 하옵소서.

삶의 막다른 골목에서 희망과 용기를 잃고 있습니까? 두 팔을 들고 하나님 앞에 나아와 도우심을 구합니다. 믿음의 그릇에 기적 같은 극복과 회복의 열쇠를 담아 주옵소서.

한국 교회가 다음 세대 교육을 소홀히 한다면 머지않아 많은 교회가 문을 닫게 될 것을 우려합니다. 우리 교회 주일학교 교육도 획기적으로 변하지 않으면 염려가 현실이 될 수도 있사오니 통촉하여 주옵소서.

미래를 준비하는 우리 교회 주일학교에서도 민족을 구했던 에스더나 유럽 전도의 초석이 되었던 루디아 같은 인물이 나오기를 간절히 기도합니다.

우리 교회가 진정한 영혼의 쉼터, 마음의 안식처가 되게 하시고 주님의 몸이신 교회가 그리워 마음이 설레고 주일이 기다려지는 그런 교회가 되게 하옵소서.

인간의 사사로운 욕심으로 쪼개진 기독교가 이제는 분열을 끝내고 모든 교단이 하나님 앞에서 하나의 교단으로 통합되기를 기도합니다.

자살과 폭력 사건의 증가로 나타나는 우리 사회의 생명 경시 풍조를 생명 존중 문화로 바꾸게 하옵소서.

인명 경시 풍조와 안전 불감증에서 벗어나게 하시고 연말연시에 불의의 사고로 인한 인명과 재산을 잃고 망연자실하는 이웃이 없도록 도와주옵소서.

다가오는 성탄절은 상술에 이용되는 축제가 아니라 역사적인 사실임을 만방에 알리며 우리를 위해 이 땅에 오신 숭고한 의미를 되새기는 날이 되게 하옵소서.

소외된 이웃들을 돕게 하시고 우리의 작은 나눔이 성탄의 큰 선물이 되게 하옵소서.

이스라엘과 팔레스타인, 유대인과 이방인, 모두를 품으시고 용서와 평화가 깃들기를 소원합니다.

사랑하는 우리 교회 목사님, 말씀 준비에 남다른 은사를 주옵소서.

권위를 앞세우지 않고 성도들과 소통하고 민주적으로 교회를 이끌어가며 낮은 자세에서 성도들을 섬기는 목자가 되게 하옵소서.

찬양대가 하늘의 소망을 주신 주님을 찬양합니다. 신령한 노래가 되어 하나님의 보좌를 움직여 은혜가 단비처럼 내리게 하옵소서.

예수님 이름으로 기도드리옵나이다. 아멘.

(2014. 12. 14. 주일예배)

세상의 모든 무릎
주님 앞에

우리의 죄 때문에 십자가를 지신 주님이기에 하늘과 땅과 땅 위의 모든 입이 '주님은 우리의 주인이심'을 고백하게 하옵소서.

이 세상 모든 무릎이 주님 앞에 꿇어 엎드려 경배하기를 기도합니다.

구원의 감격은 사라지고 형식적인 예배가 되지 않도록 저희의 마음과 몸을 주장하여 주옵소서.

과거보다 생활 수준이 매우 나아졌는데도 행복 지수는 떨어지고 오히려 불평불만이 늘어나는 우리를 용서하여 주옵소서.

상대적 빈곤으로 불평할 것이 아니라 예수님을 믿는 구원의 기쁨으로 행복 지수가 가장 높은 기독인이 되기를 간절히 소원합니다.

변하는 것을 사랑하고 허무한 것들을 향한 욕망은 그저 괴로울 뿐 예수님 외에는 그 무엇으로도 만족할 수 없음을 고백합니다.

하나님의 은혜로 우리나라는 절대 빈곤에서 벗어났지만, 오늘날 배고픔이 아니라 배 아픔의 문제로 사회가 갈등하고 있습니다.

영원을 사모하는 성도는 하나님께서 주시는 신령한 복이 결코 잘 먹고 잘 사는 것에 있지 않음을 깨닫고 영원하신 하나님께서 우리의 마음에 좌정하시어 진정한 만족과 평안을 누리기를 소원합니다.

우리는 더 많은 소유를 원하지만, 소유물도 소멸하고 소유자도 소멸할 뿐 영원할 수 없습니다. 영원히 변하지 않고 소멸하지 않는 하나님을 모시는 것이 진정한 행복임을 깨닫게 해 주옵소서.

우리 교회 연로하신 교우들 잘 아프고 잘 변하고 냄새나는 연약한 육신의 장막을 벗고 하나님 앞에 서는 그날 어르신들이 누릴 영광은 한없이 크리라는 것을 믿고 남은 생애가 소망과 보람으로 가득하기를 간절히 기도드립니다.

하나님 나라에 대한 간절한 기대와 열망을 품고, 세상을 이기고 세상을 변화시키는 능력 있는 그리스도인이 되길 소원합니다.

소금이 맛을 잃어 밖에 버려지고 사람들에게 밟히는 수모를 당하지 않도록 교회가, 교우들이 세상의 소금임을 잊지 않게 하옵소서.

하나님의 복음을 증거하는 것이 교회 존재의 가장 큰 이유임을 인식하고 열방을 품는 세계적인 교회로 성장하게 하옵소서.

여러 가지 교회 전도 행사가 행사로만 그치지 않게 하시고 영혼 구원의 풍성한 결실이 있기를 빌고 원합니다.

열심을 품고 주님을 섬김으로 우리 교회 부흥의 원동력이 되게 하옵소서.

군 복무 중인 우리 교회 믿음의 청년들 안전하게 복무를 마칠 수 있도록 성령께서 지켜주옵소서.

군의 총기 사고, 폭력, 성범죄로 안보의 근간이 흔들리고 있습니다. 군 선교에 관심을 두게 하시고 군종 목사와 군 선교사의 능력을 배가시켜 65만

일선 장병들을 구원하여 주옵소서.

그들의 영혼을 어루만져 나라를 굳게 지키는 십자가 강군으로 거듭나게 해 주옵소서.

새 가정을 꾸리는 젊은이들이 많음을 감사드리고 이들이 훌륭한 믿음의 가정을 이루어 하나님께 영광이 되게 하옵소서.

미혼의 교우들에게도 믿음의 짝을 만나 아름다운 신앙의 가정을 꾸릴 수 있도록 인도하여 주옵소서.

예수님 이름으로 기도드리옵나이다. 아멘.

(2014. 11. 2. 주일예배)

Prayer / 70 /

헐몬산에 내린
이슬

고난과 환난 가운데서도 우리를 위로하시고 도우시고 은혜를 주시는 하나님을 찬송합니다.

사마리아 여인 같은 죄 많은 인간을 그리스도의 신부로 삼아 주심을 진심으로 감사합니다.

그리스도의 신부로서 죄를 멀리하고 신앙의 정절을 지키고 비둘기같이 순결하고 뱀같이 지혜로운 그리스도인이 되기를 소원합니다.

그리스도의 신부로서 항상 정결하고 신실한 믿음으로 단장을 하여 주의 재림을 맞을 준비를 하게 하옵소서.

16세기 개혁주의자들은 이 예배를 지키기 위해 목숨을 걸었듯이 형식적이고 타성에 젖은 예배가 되지 않기를 기도합니다.

예배를 통해 살아 계신 하나님을 만나 교통하고, 예배가 주는 은혜와 감격으로 내일을 경건하게 살아가기를 소망합니다.

항상 은혜를 사모하고 영육 간에 강건하도록 순서마다 감동이 있게 하시

226

고 거룩하신 하나님의 은혜가 헐몬산에 내린 이슬같이 이 성전에도 가득 임하게 하옵소서.

아프고 슬프고 괴로운 마음의 짐을 내려놓고 삶의 현장에서 지친 영혼들이 예배를 통해 치유, 위로받기를 원합니다.

오늘도 예수 그리스도의 이름으로 모이는 세상 모든 교회의 예배가 삼위일체 하나님께서 진정으로 원하시는 예배, 통회하는 마음으로 드리는 산 제사가 되게 하옵소서.

오늘날 십자가를 지려는 사람은 적고, 십자가를 보면 피하고, 지고 있는 십자가마저 내려놓으려는 사람들이 많아지고 있습니다.

고난 없는 영광이 없고 십자가 없는 부활이 없듯이 십자가를 지고 골고다까지 주님이 걸어가셨던, 믿음의 선진들이 걸어가신 바로 그 길을 우리도 따라갈 수 있도록 강한 영성을 주옵소서.

우리 주위에는 가난과 질병, 장애와 차별로 고통스럽게 살아가는 이웃들이 의외로 많습니다. 이들의 아픔을 싸매주시고 치유하여 주옵소서.

우리에게 행하신 하나님의 크고 놀라운 일들을 다음 세대에 잘 전할 수 있기를 기도합니다.

나를 알고 나를 만드신 하나님을 알고 하나님의 말씀을 바르게 가르치는 주일학교가 되게 하옵소서.

하나님께서 우리에게 사명을 맡기실 때 기대치가 있었던 것처럼 믿음 안에서 헌신 봉사로 하나님의 기대에 부응하는 교회 일꾼들이 되게 하옵소서.

우리 교회가 깊고 푸른 영성의 샘이 되어 황폐한 영혼들을 깨닫게 하시고 상처와 아픔을 보듬어 줄 수 있기를 기원합니다.

주님의 고귀한 속죄양의 희생정신과 부활 신앙이 없는 빛바랜 십자가를 내세워 세상 사람들에게 욕먹는 교회, 수많은 양이 상처를 받아 교회를 떠나 안티 세력이 되고 개종하기도 합니다.

지난 1세기 동안 이 나라와 이 민족의 희망이었던 한국 교회가 다시 일어나 빛을 발할 수 있도록 회개와 영적, 도덕적 각성과 갱신으로 새롭게 거듭나 행함이 있는 바른 믿음을 회복하게 하옵소서.

예수님 이름으로 기도드리옵나이다. 아멘.

(2014. 8. 31. 주일예배)

228

박해의 땅에
복음의 꽃으로

오늘날 우리는 분명히 하나님의 놀라운 구원의 은혜 속에 살고 있지만, 그것을 뼛속 깊이 느끼지 못하여 기쁨도 감사도 없는 삶을 살고 있지 않습니까?

날쌔던 팔다리가 힘을 쓰지 못해 후들거리기 전에, 단단한 치아들이 빠져나가 음식 씹기가 힘들기 전에, 구속의 은혜에 감사하며 맡겨 주신 주의 일을 기쁨으로 수행할 수 있도록 도와주옵소서.

우리의 죄와 허물과 약함을 덮으시고 용서하여 주옵소서.

죄를 짓지 말고, 악은 모양이라도 버리고, 듣기는 속히 하고 말하기는 더디하며 입술에 파수꾼을 세워 말로 이웃의 마음을 상하지 않게 하옵소서.

생존의 경쟁과 변화의 속도에 지친 영혼들이 영적으로 목말라 있습니다. 주의 종에게 영성의 샘을 주셔서 갈급한 심령들에게 생명수를 풍족하게 공급해 주시고, 잠자는 영혼을 깨우고 하늘의 신령한 은혜를 내려 주옵소서.

개혁주의 교회가 되고 말씀 중심의 예배가 되어 하나님과의 관계, 인간과의 관계가 회복되어 우리 교회가 부흥하게 하옵소서.

오늘 처음 예배에 참석한 형제자매들을 온 교우들이 환영합니다. 이 첫걸음이 천국 문을 향한 귀한 발걸음이 되게 하시고 이제 전능하신 하나님의 손을 잡고 진정한 안식과 형통한 복을 누리길 간절히 기도드립니다.

한국 사회의 가정은 위기를 겪고 있습니다. 우리 교회 권속들의 가정은 브리스길라와 아굴라처럼 화목한 가정을 이루어 건강한 교회의 원동력이 되게 하옵소서.

우리 교회 가정마다 식탁이 풍성하게 하시고 질병이 물러가게 하시고 어떠한 세상 풍파에도 하나님 품 안에서 온 가족이 주님을 섬기는 복을 내려 주옵소서.

아브라함과 이삭과 야곱과 요셉의 4대를 잇는 믿음의 가문처럼 우리 교회 모든 가정도 대를 잇는 믿음의 가정들이 되게 하옵소서.

청교도 신앙 전통을 살려 나가고 미혹하는 이단과 사이비 종교, 자유주의, 세속주의로부터 성도들과 한국 교회를 지켜주시옵소서.

작금에 일어난 크고 작은 사고로 슬픔과 아픔을 주체할 수 없는 이웃들이 있습니다. 우리들은 위로할 힘이 없사오니, 하나님께서 그들의 눈물을 닦아 주시고 위로해 주옵소서.

한국 정치와 교회가 세월호처럼 무게 중심을 잃고 한쪽으로 기울고 있지는 않습니까? 계층, 빈부, 세대 간, 보수 진보 간의 갈등을 극복하여 경제 발전과 통일 한국을 이루기 위해 힘을 모으게 하옵소서.

언더우드, 아펜젤러 이래 이 땅에 젊음과 인생을 바치고 뼈를 묻은 외국 선교사들의 헌신과 희생에 힘입어 이 땅에 복음의 꽃이 피었듯이 세계에 흩어져 있는 우리나라 선교사들의 희생과 헌신도 세계 선교의 밑거름이 되길 간절히 빌고 원합니다.

미얀마 이상종 선교사의 안전을 지켜주시고 선교의 열매가 있게 해 주시옵소서.

지금 지구 한쪽에서는 예수 믿는다고 수많은 사람이 희생을 당하고 있습니다. 그들의 순교가 박해의 땅에 복음의 꽃으로 다시 피어나게 해 주옵소서.

예수님 이름으로 기도드립니다. 아멘.

(2014. 7. 6. 주일예배)

절규하는
세월호 유가족

　예수님은 우리의 유일한 메시아시고 영원한 제사장이시고 선지자시며 살아 계신 하나님의 아들이심을 고백하고 만군의 주로 영광을 받으시옵소서.
　주님을 만나 구원받은 것이 이 세상에서 가장 소중하고 행복한 일임을 믿고 깨닫게 하옵소서.

　오늘날 하나님께서는 불신자들에게만 모욕을 당하는 것이 아니라 하나님을 믿는다는 신자들에게도 수모를 당하십니다. 회개하오니 우리의 죄를 용서해 주옵소서.
　기쁘고 즐겁고 흐뭇한 사람 중심의 예배가 아니라 하나님 중심의 살아 있는 예배가 되게 하옵소서.

　"자식들은 여호와의 기업이요 태의 열매는 그의 상급"이라고 하신 소중한 자녀들을 진리의 말씀으로 잘 양육하게 하옵소서.
　눈에 보이는 부모를 섬기지 않으면서 어떻게 보이지 않는 여호와를 경외할 수 있겠습니까?

부모는 하나님의 말씀으로 자녀들을 잘 양육하고 자녀들은 부모께 효를
다해 섬기는 아름다운 가정들이 되게 해 주옵소서.

무너지는 서구 교회를 보면서 주일학교가 살아야 청년과 군인들이 살고
다음 세대가 삽니다.
교목, 군목, 경목들에게 은총을 베푸시고 학원 복음화와 군경 선교가 뜨
겁게 이루어지도록 하나님의 인도와 도우심을 간구합니다.

연제제일교회가 나만의 교회, 우리 세대만의 교회가 아닌 우리 자녀들을
위한 교회, 다음 세대를 위한 교회가 되게 해 주옵소서.
상처받은 영혼을 사랑으로 품어 줄 수 있는 교회가 되게 해 주옵소서.
의식주 문제로 염려하는 교우들에게 삶의 질이 날로 윤택해지도록 은혜
를 베풀어 주옵소서.

질병으로 고통받는 교우들에게 완치의 자비를 베풀어 주옵소서.
힘들고 괴로워도 희망과 치유의 상징인 골고다 십자가의 예수님을 바라
보며 염려와 두려움을 극복하게 하옵소서.
풍랑을 보고 시퍼런 바다 앞에서 무서워 떠는 자들에게 바람과 바다를 꾸
짖으신 주님, 진도 앞바다에서 혈육을 잃고 절규하는 세월호 유가족들을 위
로하시고 흐르는 피눈물을 닦아 주옵소서.
부활하신 주님께서 우리 삶의 현장에 찾아오셔서 고통과 좌절을 희망과
환희로 바꿔 주시기를 간절히 기도합니다.

우리 목사님, 한국 교회의 부정적인 지도자상은 모양이라도 버리고 헐벗
고 배고프고 병약하고 억울하고 고통스러워하는 저 낮은 곳에 있는 사람들

과 함께하는 목회자가 되게 해 주옵소서.

주님이 보여 주신 가르치고 치유하고 전파하는 일에만 전력투구하는 사역자가 되게 해 주옵소서.

온 마음과 정성을 담은 성가대의 찬양이 은혜의 열매가 되기를 원합니다.

하나님의 이름을 높이고 하나님의 영광을 노래하는 찬양 사역에 묵묵히 헌신하는 성가 대원들과 주님의 몸이신 교회를 섬기는 모든 교우에게 평강의 은혜를 내려 주옵소서.

예수님 이름으로 기도드립니다. 아멘.

(2014. 5. 11. 주일예배)

연로한 교우들을 위한
기도

주님, 또 한 해가 저물어 갑니다. "마음에는 원이로되 육신이 약하다"고 궁색한 변명을 반복하고 있는 우리의 연약함을 용서해 주옵소서.

항상 시작하는 마음으로, 한결같은 믿음으로 살기를 원합니다.

선교를 받은 나라가 선교하는 나라가 되고 짧은 기간에 민주화와 경제 성장을 이루게 된 것도 모두 하나님의 크신 은혜임에 감사 드립니다.

이 시간 예배에 참석한 한 사람 한 사람의 애타는 염원이 담긴 우리의 기도에 하늘 문이 열리게 하옵소서.

간절하게 드리는 교우들의 기도를 금 항아리에 담아 하나님 앞으로 가지고 올라가는 천사를 보게 하옵소서.

교회가 교회 되게 하는 것은 예배에 있습니다. 찬양과 말씀이 하나로 어울려 은혜의 예배가 되게 하옵소서.

예배를 통한 은혜와 감격이 전도로 이어지고 전도 받은 자의 구원의 감격이 또다시 전도의 열정으로 이어지기를 소원합니다.

　적은 것을 가지고도 행복해하는 사람이 있고 많은 것을 가지고도 불평하는 사람이 있습니다. 더 많은 소유에 집착하기보다는 지금 있는 것에 감사하며 살게 해 주옵소서.

　"늙을 때에 나를 버리지 마시며 내 힘이 쇠약할 때에 나를 떠나지 마소서"라는 다윗의 시처럼 우리 교회 연로하신 교우들, 육체는 쇠하더라도 영혼은 날마다 강건하여 천국을 향한 남은 생애가 활기와 소망으로 가득하기를 간절히 기도드립니다.

　미래의 통일 한국을 이끌어 나갈 다음 세대가 일어나야 합니다. 우리 교회 차세대들에게 효과적인 신앙 교육을 통해 주일학교가 부흥하게 하옵소서.

　교회의 분열과 갈등, 교회 지도자들의 언행 불일치의 삶에 많은 영혼이 상처를 받고 교회를 떠나기도 합니다. 언행이 일치하는 평신도들과 목회자들이 되게 하옵소서.

　한국 교회가 진리의 등대가 되게 하옵소서. 구원의 방주가 되게 하옵소서. 다치고 지친 영혼들을 치유하고 위로하고 안식하는 곳이 되게 하옵소서.

　목회자들은 잃어버린 경건성과 거룩성을 회복하게 하옵소서. 평신도들은 빛과 소금의 역할을 다하게 하옵소서.

　지금 한국 교회는 그 어느 때보다 지성과 영성을 겸비한 목회자가 필요한 때입니다. 우리 교회 교역자들, 지성과 영성을 겸비한 목회자가 되게 하옵소서.

　우리 교회가 부흥 성장하기 위해서는 거듭나야 합니다. 새롭게 변화되게 하옵소서. 불신과 불평, 원망과 갈등의 모세 시대를 지나 믿음과 소망, 긍정과 도전의 여호수아 시대로 나아가게 하옵소서.

지금 한국 교회는 수많은 이단과 사이비, 십자가 거부 세력의 도전에 직면해 있습니다. 너그럽다 못해 무감각해진 사이비들의 횡포에 주의 몸이신 교회와 양들을 지켜주옵소서.

최저 생계비도 보장이 안 되는 가난한 개척 교회, 농어촌 교회 목회자들, 이역만리에서 신변의 위협을 무릅쓰고 복음을 전하는 해외 선교사들을 지켜주시고 자활, 자립할 수 있도록 도와주옵소서.

예수님 이름으로 기도드립니다. 아멘.

(2013. 12. 8. 주일예배)

세상 피리에
장단 맞춤

우리 삶의 전부이신 여호와를 전심으로 사랑하고 경배드립니다.
만군의 주님, 찬양을 받으시고 구원의 주님, 영광을 받으시옵소서.

세상이 부는 피리 소리에 장단을 맞추며 춤추지 않았습니까? 기독인의
본분을 지키며 주의 자녀다운 삶을 살게 하옵소서.
사도신경이 입버릇 같은 주문이 되지 않게 하시고 사도들의 신앙고백이
우리의 신앙고백이 되게 하옵소서.

이 시간 성령이 오셔서 우리를 하나 되게 하시고, 죄를 이기게 하시고, 말
씀에 은혜를 받게 하시고, 의와 희락과 화평이 충만한 하나님의 나라를 보
게 하옵소서.
하나님의 넉넉하심을 나타내는 한가위를 통해 가족애의 소중함을 깨닫게
하신 하나님께 감사 드립니다.
'믿음으로 가정을 우선하라.' 추석 명절을 맞아 만났던 가족들, 무엇보다

믿음의 가정을 만드는 데 우선하게 하옵소서.

생명의 식탁에 둘러앉아 영육의 양식을 나누며 무엇을 해야 하나님을 기쁘시게 하는 일인지 고민하는 믿음의 가정들이 되게 해 주옵소서.

부모의 욕심이 앞서 일방적 강요나 지나친 간섭이 아닌 오직 주의 교양과 훈계로 자녀를 훌륭하게 양육하게 하옵소서.

부모 공경을 통해 하나님을 경외하는 화목한 가정들이 되게 해 주옵소서.

질병으로 고통받는 교우들, 성령의 불로 환부를 흔적도 없이 태워 없애는 치유의 역사가 일어나게 하옵소서.

경제적으로 어려운 교우들, 공중의 새도 기르시고 들풀도 입히시는 하나님께서 물질의 궁핍에서 벗어나게 하시고 열심히 일할 터전도 마련해 주옵소서.

넘어졌다고 절망하지 말고 넘어진 김에 하늘 한 번 쳐다보고 파란 하늘에서 하나님의 미소를 발견하고 다시 일어서는 힘을 주옵소서.

넘어진 아픔의 상처가 훗날 이룬 꿈을 빛나게 하는 훈장이 되게 하옵소서.

"우리가 하나님의 나라에 들어가려면 많은 환난을 겪어야 할 것이라." 고난을 영원한 생명으로 바꾸시는 하나님, 천국에 들어가기 위해 겪는 고난을 감사로 이겨 내기를 간절히 기도드립니다.

의무처럼 억지로 하는 봉사가 아니라 구속의 은혜에 감격하여 자발적인 헌신으로 우리 교회를 아름답게 섬겨 윤택하게 하옵소서.

이 지역을 대표하고 이 지역의 주민을 품는 교회가 되게 하옵소서.

이웃 주민들이 마음을 열고 예배드리러 올 수 있는 성전이 되게 하옵소서.

먼저 우리 집과 우리 교회 앞집 뒷집 옆집부터 전도하게 하시고 은혜가 갈급한 주민들의 목마름을 채워 주는 생명수가 있는 교회가 되게 해 주옵소서.

희생과 순교의 피 위에 세워진 한국 교회를 세상이 걱정하는 시대가 되었습니다.

한국 교회 지도자들, 받은 사명 외에 물질이나 감투를 더 사랑하지 않게 하시고, 내려놓고 비우고 섬기고 나눔으로 교회가 새롭게 변화되게 하옵소서.

예수님 이름으로 기도드립니다. 아멘.

(2013. 9. 22. 주일예배)

엔학고레의
생수

주의 영광이 우리의 성전에 가득하고 삼라만상을 뒤덮기를 기원합니다.

죄와 허물로 주님께 구할 것은 용서밖에 없습니다. 주님은 그리스도시요 살아 계신 하나님의 아들임을 믿음으로 용서를 구합니다.

주님은 우리가 사는 이유이고 삶의 전부임을 고백합니다.

내일이 불확실하고 목적의식을 상실한 채 살아가는 시대에 그리스도를 삶의 주인으로 모시게 하심을 감사합니다.

환경과 조건에서 나오는 감사가 아니라 역경이나 실패, 절망이나 죽음의 상황에서도 감사하는 참된 신앙인이 되게 하옵소서.

겸손한 자세로 맡은 일에 충성하며 이웃을 섬기는 기독인이 되게 해 주옵소서.

귀한 예배 시간입니다. 막힌 귀를 뚫어 주시고 감은 영안을 뜨게 하시고 입을 열어 신령한 노래를 부르며 감사, 찬양하는 시간이 되게 해 주옵소서.

낡은 것을 버리고 신령과 진리의 예배가 되게 해 주옵소서.

여호와를 기뻐하는 것이 진정한 힘이라고 지금도 느헤미야가 외치고 있습니다.

세상의 물질과 권력에 의지하지 않고 약한 자, 소외된 자, 그래서 꿈을 잃고 우는 자들과 함께하여 하나님을 기쁘시게 하옵소서.

선한 사마리아인처럼 우리도 그리스도의 사랑과 긍휼을 실천하는 기독인이 되게 해 주옵소서.

우리 사회에 널리 퍼져가는 반기독교 정서 속에서 복음 전파가 갈수록 어렵지만 주님의 명령이니 순종하게 하옵소서.

삶의 무거운 짐 때문에 지친 교우들에게는 삼손에게 허락하신 엔학고레의 생수를 주셔서 마시고 기력을 회복게 하옵소서.

오늘의 시련과 고난이 내일의 영광에 밑거름이 되게 하옵소서.

치유와 회복, 물질과 취업, 배필과 합격이 필요한 교우들의 기도에 응답하옵소서.

다음 세대가 하나님을 모르는 다른 세대로 변질하고 있습니다. 다음 세대를 신앙의 거목으로 양육하는 교회가 되게 해 주옵소서.

우리 자녀들에게 참다운 신앙 교육이 이루어지고 주일학교가 부흥하게 하옵소서.

대학·청년부를 살려 주옵소서. 새벽이슬 같은 청년들이 이 교회의 주역이 되기를 간절히 기도드립니다.

미래는 하나님의 계획 안에 있습니다. 다음 세대가 다가올 미래를 준비할 수 있는 지혜를 주옵소서.

장차 게바라 하리라고 베드로에게 미래를 말씀하신 주님, 이 어려운 시기에 교우들에게도 희망을 심어주시고 미래를 열어 주옵소서.

새로운 비전으로 교우들의 가슴을 뛰게 하는 교회가 되게 해 주옵소서.

세상 사람들은 술에 취해 비틀거리지만 우리는 성령에 취해 성령 충만, 말씀 충만한 성도가 되게 해 주옵소서.

이역만리 해외 선교사들, 개척 교회, 미자립 교회, 농어촌 교회를 사명감 하나로 사역하는 목회자들을 위로하시고 감당할 힘과 능력을 주옵소서.

그들의 사역이 지역과 세계 복음화의 초석이 되게 하옵소서.

예수님 이름으로 기도드립니다. 아멘.

(2013. 6. 30. 주일예배)

북쪽의
끓는 가마

어제나 오늘이나 영원토록 동일하시고 우리의 표지판이신 주님께 찬양과 영광을 돌립니다.

세상 잡념을 동여매고 눈으로 보고 귀로 듣고 마음으로 깨닫는 소중한 예배가 되게 하옵소서.
거룩하고 경건한 예배를 통해 마음의 안식을 얻으며 보람이 있고 평안한 주일 하루가 되게 하옵소서.

주님의 십자가 고난과 구속의 은혜가 있었기에 천국 소망, 부활 소망, 영생 소망을 갖게 되었음에 감사를 드립니다.
우리도 주님을 본받아 고난 뒤에는 반드시 하나님의 선한 뜻과 목적이 있음을 깨닫고 감사로 극복하게 하옵소서.

예레미야는 북쪽의 끓는 가마가 남쪽으로 기울어져 있는 환상을 보고 눈물을 흘리며 유다 백성의 회개를 촉구했습니다.

지금 북한은 핵무기라는 펄펄 끓는 죽음의 가마를 남쪽을 향해 부으려고 위협하고 있습니다.

예레미야의 외침처럼 한국 교회가 진정한 회개로 하나님의 진노를 거두게 하옵소서.

물신주의와 교권 숭배로 분열을 일삼고 있는 교회 지도자들이 변하면 교회가 변하고 교회가 변하면 이 나라가 새롭게 회복될 것임을 믿습니다.

북한의 지하 교회 교인들의 신음하는 소리와 울부짖음에 자비를 베풀어 주옵소서.

남한의 진정한 회개가 하나님의 보좌를 움직여 대한민국의 평화 통일을 허락해 주옵소서.

동서독을 가로막고 있는 베를린 장벽이 니콜라이교회의 평화 통일 기도회가 발단이 되어 7년 만에 무너졌다고 합니다. 우리의 기도가 38선이 무너지는데 밑거름이 되게 하옵소서.

성령 역사의 진원지였던 평양의 장대현교회가 재건되어 성령의 뜨거운 불의 역사가 우리 민족의 가슴속에서 불타오르게 하옵소서.

금가락지를 끼고 아름다운 옷을 입은 사람은 좋은 자리를 권하고 남루한 옷을 입은 가난한 사람은 서 있든지 발등상 아래에 앉으라고 차별하는 교회가 되지 않게 하옵소서.

복음은 모든 믿는 사람을 구원하는 하나님의 능력이기에 복음을 부끄러워하지 않게 하옵소서.

맡은 일에 최선을 다해 하나님 나라를 확장하는 일에 우리 모두 앞장서게 하옵소서.

절망의 상황에도 좌절하지 않고 여호와를 찬양하며 감사하는 그리스도인이 되게 하옵소서.

위임목사를 허락하신 주님, 양 앞에서 군림하는 목자가 아니라 한없는 사랑을 바탕으로 말씀을 잘 가르치고 가르친 대로 살아가는 언행일치의 목자가 되게 하옵소서.

강요된 존경이 아니라 '그리스도 고난의 증인'으로 신실하게 목양하는 뒷모습에 감동되어 존경하고 따르는 참 목자가 되기를 간절히 빌고 원하오며 예수님 이름으로 기도드립니다. 아멘.

(2013. 4. 11. 주일예배)

비우고 채우는
삶

전능하신 만유의 주 여호와께 영광과 존귀와 찬양을 드립니다.

우리가 입으로만 하는 형식적인 회개가 아니라 죄를 미워하는 마음의 변화와 죄에서 완전히 떠나는 생활의 변화가 일어나는 진정한 회개자가 되게 하옵소서.

하나님을 예배하고 싶으나 예배할 수 없는 곳도 있고 예배할 수 없는 사람도 있지만, 우리를 경배의 자리로 인도하심을 감사 드립니다.

하지만 몸은 왔으나 마음은 세상에 있지 않습니까?

몸과 마음을 온전히 드려 말씀에 청종하는 산 제사가 되기를 간구합니다.

아직도 구원의 감격이 없고 냉랭한 습관적 신앙입니까?

이 예배를 통해 마음이 뜨거워지고 성령을 몸소 체험하게 하옵소서.

오늘은 주일이자 태음력의 첫날, 설로 쇠게 하심을 감사 드립니다.

비우고 채우는 달의 지혜를 본받아 나를 비우고 주님을 채우는 삶을 살게 하옵소서.

가족의 소중함을 깨닫는 즐거운 명절이 되게 하옵소서.

가족 구원의 기회가 되게 하시고 오가는 길의 안전을 지켜주옵소서.

태양력이 시작된 지 한 달이 지났고 태음력의 첫날을 맞아 야곱이 이스라엘이 되었듯이, 사울이 바울이 되었듯이 새해에는 우리의 모습과 삶이 발전적으로 변화되게 해 주옵소서.

명절이 오히려 부담스럽거나 외로운 교우들에게도 주님 위로하시고 어려운 상황이나 부정적인 상황이 긍정적인 상황으로 호전되기를 기도드립니다.

때로는 견디기 어려운 시련으로 저희를 단련시키는 하나님, "고난 당한 것이 내게 유익이라." 구원과 영생을 믿는 믿음 아래에서는 고난도 가볍게 뛰어넘는 강한 믿음을 주옵소서.

생로병사의 모든 시련은 하나님의 훈련이고 사랑의 표현임을 깨닫고 감사로 극복게 하옵소서.

아픈 사람들이 예수님의 옷자락에 손을 댔을 때 병이 나았듯이 병자를 사랑으로 만지신 예수님의 손길이 질병으로 고생하는 교우들에게 닿아 아픈 육신이 치유되기를 간절히 소원합니다.

"우리는 구원 받는 자들에게나 하나님 앞에서 그리스도의 향기니" 그리스도와 항상 동행하므로 복음의 향기, 은혜의 향기, 생명의 향기, 그리스도의 향기가 우리 몸에 배어들게 하옵소서.

힘들고 지친 이웃들에게 그리스도의 향기를 전하는 참된 복음의 전파자가 되게 하옵소서.

"형제들아 너희는 선을 행하다가 낙심하지 말라." 전도하다가, 봉사하다가, 주의 일을 하다가 낙심하지 않게 하옵소서.

교우들의 가정이 하나님을 주인으로 모시고 예배하고 땀 흘리며 열심히 살아 가정 경제가 나아지게 하옵소서.

유오디아와 순두게에게 "주님 안에서 같은 마음을 품으라"는 바울의 권면처럼 온 교우들이 교회 부흥을 위해 뜻을 모아 한마음이 되게 하옵소서.

예수님 이름으로 기도드립니다. 아멘.

(2013. 2. 10. 주일예배)

살아간다는 것은
죽어간다는 것

만복의 근원 하나님, 주님은 우리 삶의 이정표이며 우리 생활의 주인이심을 감사 드립니다.

제단 뿔에 매였던 고삐가 풀려서 엿새 동안 자유분방하게 살았음을 용서하옵소서. 다시 제단 뿔에 저희를 결박하여 말씀으로 다스리시고 성령 충만하게 하옵소서.

아기는 어머니와 연결된 탯줄을 통해 영양분을 공급받는 것처럼 우리도 하나님과 연결된 영혼의 탯줄을 통해 신령한 양식을 공급해 주옵소서.

목사님께 가르치는 은사를 갑절이나 더하셔서 발의 등이요, 길의 빛이신 말씀 강론을 통해 우리의 어두운 심령을 밝혀 주옵소서.

순금보다 더 사모하고 꿀과 송이꿀보다 더 달콤한 하나님의 말씀에 귀 기울이는 시간 되게 하옵소서.

엄청난 하나님의 사랑과 은혜 속에 살면서도 감사가 부족했던 저희를 용서하옵소서.

사자 굴이라는 죽음의 상황에서도 감사하며 기도한 다니엘의 신앙을 본받게 하옵소서.

하나님은 우리에게 목적이지 수단이 아닙니다. 힘들고 아쉬울 때만 하나님을 찾을 것이 아니라 언제나 주님과 동행하게 하옵소서.

원수인 악마가 우는 사자같이 삼킬 자를 찾아 두루 다니며 우리를 유혹하고 있습니다. 악마와 싸워 이길 수 있도록 전신 갑주로 무장하게 하옵소서.

'주십시오' 기도에서 '받으십시오' 기도를 할 수 있도록 믿음이 성장하게 하옵소서.

정욕을 위해 구하지 않게 하시고 끝없이 주님과 대화하고 교제함으로 그리스도를 닮아가게 하옵소서.

우리가 섬기는 주님의 몸이신 교회를 사랑하게 하옵소서. 덕을 세우게 하옵소서. 말씀 충만, 은혜 충만한 교회가 되기를 소원합니다.

기쁨의 원천이신 하나님을 찬송합니다. 바울이 감옥에 갇혔어도 하나님을 찬미하자 옥문이 열리는 기적을 경험하였듯이 우리의 찬송이, 할렐루야 찬양대의 찬양이 인생의 막힌 담을 무너뜨리는 기적을 체험하게 하옵소서.

사람이 아무리 좋은 계획을 세워도 인도하고 성취하게 하는 분은 하나님이십니다. 모든 것을 하나님께 맡기고 믿음으로 살게 해 주옵소서.

우리의 믿음은 시련과 연단을 통해 성장하듯이 고난 중에도 낙심하지 않게 하시고 더 높은 믿음의 단계로 나아가게 하옵소서.

투병 중인 성도들을 우리의 가장 진실한 치료자요, 상담자이신 성령께서 안수하여 완치하게 하옵소서.

지혜로운 부모가 되어서 사랑하는 자녀들, 우리 욕심이 아니라 주의 교양과 훈계로 양육하게 하시고 하나님의 귀한 차세대 일꾼으로 성장하게 하옵소서.

살아간다는 것은 죽어간다는 것입니다. 죄에 대해 죽고 그리스도 안에서 산 자가 되어 우리의 말과 행동이 하나님께 영광이 되게 하옵소서.

죄에 대해 죽고 그리스도에 대해 살지 않기 때문에 신앙인이 불법에 연루되어 하나님의 영광을 가리고 하나님의 이름을 더럽힙니다.

우리의 삶이 하나님을 향한 산 제사가 되게 하시고 생활을 통하여 주님을 증거하게 하옵소서.

예수님 이름으로 기도드리옵나이다. 아멘.

(2012. 11. 25. 주일예배)

남한에 계시는 하나님
북한에 계시는 하나님

우리에게 최고의 능력이자 위로이신 임마누엘의 하나님, 우리와 늘 함께 하시고 영화와 존귀의 관을 씌우시옵소서.

지난날 우리의 말과 행동이 하나님께 누가 되었음을 회개하오니 용서하여 주옵소서.

마음을 다하고 힘을 다하고 뜻을 다하여 하나님을 사랑하게 하옵소서.

천상과 지상을 이어 주고 지상에서 영원으로 나아가는 찬양, 하늘에 계신 영원하신 하나님께 드리는 찬송이 되게 하옵소서.

찬양과 기도와 말씀과 헌신과 교제가 어우러진 예배가 되게 하옵소서.

뜨거운 회개와 눈물, 감사와 찬양, 치유와 회복의 예배가 되기를 소원합니다.

피리를 불어도 춤추지 않고 슬피 울어도 가슴을 치지 않는 각박한 심령입니다. 말씀으로 메마른 심령을 촉촉이 적시는 시간이 되게 하옵소서.

본문이 살아있고, 청중을 살리는 설교, 말씀의 능력이 나타나는 설교가 되게 하옵소서.

주의 전을 사모하며 힘들고 어려운 이웃들과 함께하기를 원합니다.

위기일수록 희망을 노래하여 회복하고 극복하는 그리스도인이 되게 하옵소서.

복음 사역을 위해 존재하는 하나님의 군대로의 사명을 다하는 교회가 되게 하옵소서.

혼탁한 시대에 교회만이라도 이 사회에서 순수성을 잃지 말고 기독교적 윤리관을 확립하기를 원합니다.

주일학교와 청년이 살아야 교회가 살고 나라가 삽니다. 학원과 군의 복음화가 이루어지게 하옵소서.

남한에 계시는 하나님, 북한에는 계시지 않습니까? 복음을 모른 채 유일 사상에 속아 죽어가는 북한 주민들을 불쌍히 여기시고 북녘땅에도 복음화가 이루어지게 하옵소서.

아직도 침략주의에 사로잡힌 일본에도 성령의 해일이 쓰나미처럼 일본 열도를 뒤덮어 수많은 아시아인을 죽음으로 몰고 간 군국주의를 진심으로 회개하는 나라가 되게 하옵소서.

세상의 짙은 먹구름이 나를 삼키려 해도 구름 위에 반드시 태양이 있듯이 고난 때마다 하나님의 후광을 믿고 시험과 역경을 이기게 하옵소서.

영혼을 먹이고 입히고 돌보는 목회, 하나님의 말씀을 공급하는 목회의 본질에 충실한 교회가 되게 하옵소서.

빛과 소금은 소리가 없듯이 소리 없이 빛과 소금의 역할을 담당하는 교회가 되게 하옵소서.

일시적인 안식보다 영원한 안식을, 지극히 현실적인 약속보다 하나님의 약속을 믿고 따르기를 원합니다.

우리 교회에 속한 가정들 고넬료의 가정처럼 경건한 가정의 본이 되게 하옵소서.

온 가족이 하나님을 경외하고 이웃의 결핍을 채워 주는 가정이 되게 하옵소서.

풍족한 물질 때문이 아니라 하나님의 위로와 은혜로 교우들의 얼굴에 기쁨이 넘치고 범사에 감사하는 믿음의 자녀들이 되게 하옵소서.

예수님 이름으로 기도드리옵나이다. 아멘.

(2012. 9. 16. 주일예배)

마음의 반석
영원한 분깃

우리는 예수님 한 분만으로 만족하오니 홀로 찬양과 영광을 받으시옵
소서.

이 땅에 오셔서 하나님 나라를 선포하시는 예수님의 첫 메시지가 회개하
라고 했듯이 진실한 회개로 우리의 모든 죄를 용서해 주옵소서.

우리가 드리는 이 예배가 마지막일지도 모른다는 마음으로 갈급하고 간
절한 예배가 되기를 원합니다.

속된 것을 비우고 신령한 것을 채우는 예배가 되게 하옵소서.

말씀에 은혜를 받게 하시고 말씀이 흥왕하여 영적 빈곤에서 벗어나 신령
한 꼴로 배부르게 하옵소서.

내 마음의 반석이요 영원한 분깃이신 하나님, 우리들의 연약한 육체와 마
음을 강건하게 하옵소서.

불 시험 앞에서도 감사하고 즐거워하여 그리스도의 고난에 참여하고 장

차 주님과 함께 누릴 영광을 바라보는 신앙인이 되기를 원합니다.

죽음은 끝이 아니라 새로운 시작임을 믿고 부활의 증인으로 살게 해 주옵소서.

죄악으로 물든 세상 도시를 떠나 천국으로 향하는 믿음의 여정에서 수많은 유혹과 고난을 극복하고 끝까지 완주하는 성도가 되게 하옵소서.

"내 영을 모든 육체에 부어 주리니 자녀들은 예언할 것이요 젊은이들은 환상을 보고 늙은이들은 꿈을 꾸리라."

우리 교회 어르신들 주름진 얼굴 대신 매일매일 천국 꿈을 꾸며 평안한 믿음의 삶을 살게 하옵소서.

하나님 말씀을 자녀 양육의 절대 기준으로 삼아 우리 교회 자녀들을 희망의 세대로 자라게 하옵소서.

다음 세대를 준비하지 않으면 한국 교회는 위기에 처할 것이 분명합니다. 다음 세대를 책임지는 교회가 되게 하옵소서.

희생과 섬김의 본을 보이신 주님을 본받아 약자의 손을 잡아 주고 그들의 고통에 귀 기울이는 교회가 되게 하옵소서.

교회 본연의 사명을 잊고 교권, 이권에 현혹되어 바른길을 벗어난 한국 교회가 빛과 소금의 역할을 회복하여 사회로부터 외면당하거나 지탄의 대상이 되지 않게 하옵소서.

여기저기 반짝이는 예배당 첨탑의 십자가가 수면을 방해하는 혐오의 상징이 아니라 길을 잃고 방황하는 인생들에게 등대가 되고 구원의 빛이 되게 하옵소서.

1885년 4월 5일 부활절 아침에 아펜젤러 선교사가 유교, 불교의 이 땅에 첫발을 내디디며 가난하고 고통받고 억눌린 한국 백성에게 희망과 복음의 밀알이 되었습니다.

우리 교회와 한국 교회가 파송한 해외 선교사들에게 성령이 역사하시어 불교, 이슬람교의 땅에도 푸르고 푸른 그리스도의 계절이 오도록 사역지 백성에게 희망과 복음의 밀알이 되게 해 주시고 그들의 안전을 지켜주옵소서.

교회가 중심을 잡고 흔들리지 않게 하시고 이견과 갈등을 슬기롭게 조정하여 더욱 강해지게 하시고 그리스도의 향기로 채워지는 공동체가 되게 하옵소서.

예수님 이름으로 기도드리옵나이다. 아멘.

(2012. 6. 24. 주일예배)

영원히 인자하시기에
죄인인 우리를 단죄하지 않고
속량의 긍휼을 베푸신 하느님,
절망의 상황에서도
울지 말고, 원망하지 말고, 포기하지 말고,
감사하는 신앙인이 되게 하옵소서.

빛도 없이
이름도 없이

독생자 예수님을 중보자, 선지자, 제사장으로 세우신 하나님을 찬양하고 영광을 돌립니다.

감사는 여호와께 드리는 예배이며, 제물이며, 찬양이므로 항상 감사하며 살게 하옵소서.

주님, 오늘 이 자리에 오셔서 우리의 예배를 받으시옵소서.

마음의 빗장을 풀고 마음의 눈을 열고 주님을 영접하여 참 안식과 기쁨의 예배가 되게 하옵소서.

죄가 있어 매를 맞는 것은 회개하게 하시고, 선을 행하다가 받는 고난은 인내하게 하옵소서.

주님의 자녀들이 겪는 고난은 모든 것이 하나님의 은혜임을 알게 하시고 축복의 통로임을 깨닫게 하옵소서.

우리들을 위해 쓰신 가시관을 기억하게 하옵소서.

주님의 겟세마네 동산에서의 기도를 기억하게 하옵소서.

사망의 권세를 이기신 주님을 찬송합니다.

사망의 굴레를 부수고 부활하신 주님께 간구하오니 반목과 갈등을 극복하여 우리 교회가 사랑으로 하나 되게 하옵소서.

반목, 대립, 분열을 극복하여 우리나라가 하나 되게 하옵소서.

화평하게 하는 자가 복이 있다고 하신 주님, 화평하게 하는 자가 되게 하옵소서.

주님 십자가에 돌아가시기 전 제자들이 하나가 되고 하나님과 하나가 되게 해 달라고 기도했듯이 우리가 모두 하나 되기를 소원합니다.

피로 값 주고 사 세운 예수님의 몸이 된 교회가 상처를 입고 신음하여 안타까워하시는 주님을 생각게 하옵소서.

교회를 무너뜨리려고 끝없이 공격하는 사탄의 무리를 물리쳐 주옵소서.

하나님의 전신 갑주를 입고 사탄과 이단과의 영적 전쟁에서 승리하게 하옵소서.

교회가 팔려 사찰로 바뀌고 십자가는 내려지고 만자가 걸리는 한국 교회의 현실을 불쌍히 여기소서.

몰락해 가는 서구 교회의 전철을 밟지 않도록 한국 교회를 바른길로 인도하여 주옵소서.

지난 100년 동안 한국 교회를 부흥하게 하심에 감사를 드리며 새로운 100년을 부흥의 길로 인도하기 위해 주일학교가 살아야 합니다.

어린이, 학생. 청년 교육에 많은 투자와 관심을 갖게 하옵소서.

우리 교회 자녀들 훌륭하게 키워 국가와 교회의 초석이 되게 하시고 신앙 유산을 온전히 물려주기를 간구하옵니다.

구석구석에서 빛도 없이 이름도 없이 우리 교회를 위하여 헌신하는 주의 종들을 위로하시고 하늘의 상급을 내려 주옵소서.

선한 일 하다가 시험 들거나 낙심하지 않도록 하시고 신령한 복으로 위로하여 주옵소서.

목사님을 통해 선포되는 말씀이 위로가 되고 믿음이 다져지고 막힌 담을 헐게 하시고 우리에게 일용할 영의 양식이 되게 하옵소서.

예수님 이름으로 기도드립니다. 아멘.

(2012. 4. 1. 주일예배)

생활의 나침판
그리스도의 광고판

천지의 주재자시요 지극히 높으신 하나님을 찬송합니다.

우리의 마음이 여호와로 말미암아 즐겁습니다.

산이 흔들릴지라도 우리가 두려워하지 않는 것은 하나님을 믿는 믿음 때문임을 감사 드립니다.

여호와를 대적하는 자는 산산이 깨어질 것이고 하늘에서 우레로 치신다고 했사오니 반기독자들이여, 하나님을 대적하지 않기를 기도합니다.

여기, 머리를 숙이고 하나님을 경배하는 주의 자녀들에게 신령한 복을 내려 주옵소서.

우리의 죄를 통회 자복하고, 광야 같은 삶의 현장에서 겪는 고통의 아픔과 슬픔도 경건한 예배와 뜨거운 찬양으로 극복하게 하옵소서.

"하나님께서 우리의 눈에서 모든 눈물을 씻어 주실 것임이라." 삶의 언덕을 오르다 지쳐 흘리는 눈물을 하나님께서 씻어 주심으로 그 눈물이 복이 되게 하옵소서.

가난하게도 하시고 부하게도 하시는 하나님, 새해에는 가난한 자를 진토에서 일으켜 주셔서 교우들의 가정 경제가 나아지게 하옵소서.

국가 경제도 불황에서 벗어나게 하시고 일하고 싶은 사람이 능력껏 일할 수 있도록 일자리를 마련하여 주옵소서.

다윗이 수금을 손으로 탔을 때 사울이 상쾌하여 낫고 악신이 떠난 것처럼 질병으로 고생하는 교우들, 신령한 수금 소리를 듣고 질병의 고통과 악신이 떠나게 하옵소서.

우리의 행동을 달아보시는 지식의 하나님이시여, 교만한 말을 하지 말고 오만한 말을 입에서 내지 말게 하옵소서.

인생은 시련을 헤치고 건너는 강입니다. 에녹과 동행했던 하나님, 한 해도 우리와 함께하옵소서.

어느 교우가 베푼 사랑과 친절 때문에, 어느 가족의 지극 정성 때문에 한 영혼이 돌아왔다고 간증할 수 있도록 우리의 간절한 기도와 정성과 관계 형성으로 구원의 역사가 일어나게 하옵소서.

위기를 기회로 삼아 새 사람, 새 교회가 되어 하나님께 칭찬받는 빌라델비아 교회로 거듭나게 하옵소서.

우리는 항상 위를 바라보고 예배와 말씀에 충실하며 안을 들여다보고 회개와 성찰하며 밖으로 나가 이웃을 돌보고 섬겨 교회가 세상의 희망이 되게 하옵소서.

푸른 초장과 잔잔한 물가로 양 떼를 인도할 수 있는 능력을 갖춘 목자, 한 마리 양을 목숨처럼 생각하는 진실한 목자를 보내 주옵소서.

말씀을 전하는 목사님께 능력을 칠 배나 더하셔서 선포하는 하나님의 말씀을 통해 관절과 골수를 찔러 우리의 생각이 바뀌고 악습이 변하기를 간절히 소원합니다.

　시대가 갈수록 악해지니 정신을 차리고 깨어 기도하게 하옵소서.

　주님은 우리 생활의 나침판이며 우리는 그리스도의 광고판임을 고백하며
예수님 이름으로 기도드리옵나이다. 아멘.

(2012. 1. 29. 주일예배)

경작의
사명

전에도 계셨고 이제도 계시고 장차 오실 전능하신 하나님께 경배드리며 찬양과 영광을 돌립니다.

하나님의 기쁨이셨던 창조 세계는 아담의 불순종으로 오로지 자신의 욕구 충족을 위한 경쟁과 투쟁의 장소로 전락했습니다.

창조 세계를 오염시킨 죄를 용서하시고 창조자의 계획과 청지기에게 부여된 경작의 사명을 회복하게 하옵소서.

이 예배를 통해 삶에 지친 우리에게 활력을 불어넣어 주시고 십자가 군병이 되어 주님만을 따르게 하옵소서.

우리가 하나님을 붙잡으면 하나님 손을 놓칠 수 있습니다. 하나님께서 우리의 손을 붙잡으셔서 영원히 하나님과 동행하기를 원합니다.

우리가 들고 있는 돌은 간음한 여자에게 던질 돌이 아니라 우리 자신을 단죄하기 위해 던질 돌임을 깨닫고 깊이 회개합니다.

주님을 판 사람도, 매일매일 십자가에 못 박는 사람도 주님을 믿는다는 사람들입니다. 진실하게 믿어 주님을 욕되게 하지 않는 바른 신앙인이 되게 해 주옵소서.

고난과 시험을 당해도 불평이 감사로 바뀌는 믿음을 주옵소서.

불 사이를 지나야 정금이 되듯이 모든 시련과 고난이 우리에게 복이 되게 하시고 나를 죽이고 남을 섬겨 십자가 사랑을 실천하는 신앙인이 되기를 소원합니다.

여호와 말씀을 청종하고 규례를 지키게 하시고 치료하는 여호와임을 믿사오니 육체의 질병을 치료하여 주옵소서.

우리의 죽음은 또 다른 삶과 새로운 미래로 가는 길임을 알고 하루하루가 감사와 위로의 삶이 되게 하옵소서.

땅에 떨어진 한 알의 밀알이 되기를 원합니다. 자기를 부인하고 자기 십자가를 지고 자기를 희생하는 밀알의 삶이 부활의 열매가 될 것을 믿습니다.

마음을 다하고 목숨을 다하고 뜻을 다하여 주 너의 하나님을 사랑하라 하셨으니, 네 이웃을 네 자신과 같이 사랑하라 하셨으니, 하나님을 사랑하는 마음으로 이웃을 사랑하게 하옵소서.

"듣지도 못한 이를 어찌 믿으리요, 전파하는 자가 없이 어찌 들으리요." 쇳덩이처럼 굳어지고 묵은 때처럼 말라붙은 저 일가친척, 이웃들의 완악한 심령을 녹여 주셔서 이번 태신자 전도 운동이 우리 교회 부흥의 밑거름이 되게 해 주옵소서.

우리가 변해야 교회가 변합니다. 우리가 거룩한 산 제물이 되고 자기희생과 사랑의 실천으로 우리 교회가 새롭게 거듭나기를 소원합니다.

하나님 형상으로서의 온전한 인간을 길러내는 교육, 예수님의 모습을 닮아가도록 모든 영역이 균형 있게 성장하는 기독교 전인 교육이 이루어지게 하옵소서.

다양한 매체의 발달로 말씀은 넘쳐나나 그 말씀이 내 심령에 들어와 박히고 찔려서 행동의 변화로 이어지지 못해 영적인 가뭄의 시대를 살고 있습니다.

주의 사자를 통한 설교 말씀이 성령의 단비가 되어 영적 가뭄에서 해갈되기를 빌고 원하오며 예수님 이름으로 기도드립니다. 아멘.

(2011. 10. 30. 주일예배)

해갈의
징조

우리의 시민권은 하늘에 있기 때문에 모든 것이 부족하지만 모든 것을 소유하고 있다는 절대 믿음에 감사를 드립니다.

이 예배를 통하여 마음이 청결해지고 영안이 밝아져 하나님을 보게 하옵소서.

우리에게는 사람일 수도 있고 장애나 환경일 수도 있는 가시의 아픔이 있습니다.

질병의 가시, 물질의 가시, 삶의 여러 가시를 극복할 힘을 주옵소서.

흐드러지게 피어 있는 저 장미처럼 육체의 가시가 향기의 가시, 기쁨의 가시가 되게 해 주옵소서.

이 세상 괴로움은 언젠가 끝나고 때가 되면 근심 걱정 다 내려놓고 돌아갈 본향이 있음에 희망을 잃지 않게 하옵소서.

땅의 것만 바라보다가 시간의 노예, 물질의 노예, 사망의 노예가 되지 말고 영원한 하늘의 것을 구하는 겸손한 청지기가 되게 하옵소서.

해갈의 징조인 사람의 손만 한 작은 구름이 보일 때까지, 하늘의 불이 내릴 때까지 기도하는 성도가 되게 하옵소서.

가정마다 신앙의 대를 이을 수 있도록 신실한 믿음의 자녀들이 되게 하옵소서.

교회마다 신앙의 대를 이을 수 있도록 주일학교가 부흥하게 하옵소서.

새벽이슬 같은 주의 청년들이 일어나 거룩한 옷을 입고 즐거이 헌신하는 연제제일교회가 되게 하옵소서.

교회가 울고 있는 형제자매들과 함께 울고, 그들의 아픔을 외면하지 말고 따뜻한 사랑으로 보듬어 아픔과 절망을 믿음으로 극복하게 하옵소서.

창립 주일을 맞이한 우리 교회가 회개와 자성으로 구태와 정체에서 벗어나 새롭게 거듭나기를 간절히 기원합니다.

신사참배와 한국 전쟁의 외적 위기를 극복하여 부흥했던 한국 교회를 오히려 세상이 걱정하는 내적 위기에 직면해 있습니다.

공생애 기간 몸소 실천으로 가르치신 예수님, 달변가가 되기 전에 먼저 성경적으로 살아가는 일상의 삶이 유창한 가르침이 되게 하시고 입으로 가르치지 말고 행함으로 가르치는 교사, 부모, 교역자가 되게 하옵소서.

짠맛을 잃은 소금은 부패를 막을 수 없고 빛을 잃은 등대는 세상을 바른 길로 안내할 수 없듯이 교회가 개혁하고 변화하여 이 사회의 진정한 빛과 소금의 기능을 회복게 해 주옵소서.

공산 정권 아래 아직도 노예처럼 피눈물을 흘리고 있는 북한 주민들에게 인권과 신앙의 자유를 허락해 주옵소서.

체제 전복의 위협을 느낀 중국 당국이 7천만 지하 교회 교인들의 탄압에 나섰다고 합니다. 중국을 복음화시켜 주옵소서.

세계로 나가 있는 한국 선교사들을 테러와 사고와 질병과 박해에서 지켜 주시고 풍성한 결실이 있게 해 주옵소서.

오늘도 주님의 사자를 통해 강론하는 말씀에서 송이꿀보다 더 단맛을 느끼게 하시고 순금보다 더 귀한 진리를 깨닫게 하옵소서.

예수님의 이름으로 기도드리옵나이다. 아멘.

(2011. 6. 5. 주일예배)

부활 소망의
진통제

　겨울은 저 멀리서 매운 눈보라와 아픈 칼바람을 몰고 왔지만 너그러운 봄은 삼천리 방방곡곡 우리 가슴 속에서 따뜻하게 움트고 있습니다.

　주님의 십자가는 살을 에고 뼈를 깎는 매서운 고초를 몰고 왔지만, 주님 부활은 우리들 가슴 속에서 따뜻한 소망으로 싹트고 있습니다. 땅속에서 땅 위에서 쉼 없이 소중한 생명을 만드시는 주님께 찬송과 영광을 돌립니다.

　보이는 곳에서, 보이지 않는 곳에서 신비한 생명을 만들고 키우시는 주님, 항상 봄처럼 부지런하게 하옵소서. 항상 봄처럼 희망을 품게 하옵소서. 항상 봄처럼 새로워지게 하옵소서.

　평생 안고 살아온 불평과 불만의 마음을 버리고 꽃씨 속에 숨어있는 열매를 보게 하옵소서. 십자가 속에 들어 있는 부활 소망의 진리를 깨닫게 하옵소서.

　꽃샘바람을 뚫고 다시 찾아온 새순과 새 꽃잎처럼 하나님을 떠났던 사람들이 다시 돌아오게 하시고 이런저런 이유로 우리 교회를 떠난 사람들도 다시 돌아오게 하옵소서.

하나님을 전혀 몰랐던 사람도 꽃바람 타고 온 예수 향기에 주님을 영접하는 태신자 혁명이 일어나기를 간절히 기도드립니다.

그가 찔린 것은 나의 허물 때문이고 그가 상처를 받은 것은 나의 악함 때문이라는 이사야 선지자의 고백이 우리의 고백이 되게 하옵소서.

자기 십자가를 지고 주님을 따르고 주님의 고난에 동참하는 사순절이 되게 해 주옵소서.

경건하고 정결하게 살아 우리들의 삶 자체가 거룩한 산 제물이 되기를 원합니다.

먼저 마음을 다스리고 혀를 다스려 한 입으로 하나님을 찬송하고 한 입으로는 형제를 미워하는 일어 없기를 기도합니다.

질병으로 고통받는 교우들에게 부활 소망이 진통제가 되게 하시고 바디메오의 부르짖는 소리를 듣고 소경을 고쳤듯이 응답이 이루어질 때까지 부르짖음의 기도를 멈추지 않게 하옵소서.

산간 도서 벽지에서 사역하고 전국에서 개척하는 주의 종들, 목숨을 걸고 이역만리에서 복음을 전파하는 2만여 선교사들의 열악한 조건을 믿음으로 극복게 하시고 반드시 수고한 결실이 있어 그 열매 앞에서 보람을 얻고 감사하게 하옵소서.

한반도의 막힌 담을 헐어 남북이 화해와 상생의 새 시대를 열게 해 주옵소서.

자연재해를 당한 일본을 불쌍히 여기시고 쓰나미로 폐허가 된 땅을 하루속히 복구하게 하시고 이 재앙 앞에 무릎 꿇고 회개하여 일본 열도가 복음화되기를 간절히 기도합니다.

임진왜란 전후, 일본 나가사키를 '동양의 예루살렘'이라고 했는데 박해와 순교를 거친 일본에선 지금 1명 전도에 100년이 걸린답니다. 순교의 피가 일어나 선교의 열풍이 불어 일본이 복음 국가가 되게 하옵소서.

말씀이 육신이 되어 오신 주님을 꼭 만나는 예배가 되길 비오며 예수님 이름으로 기도합니다. 아멘.

(2011. 4. 3. 주일예배)

마음을 찢는
회개

우리의 반석이신 거룩한 이름, 여호와를 영원토록 송축하고 영광을 돌립니다.

항상 우리를 도우시는 에벤에셀의 은혜에 감사를 드립니다.

"하늘에 계신 우리 아버지, 아버지의 이름을 거룩하게 하시며" 하나님 아버지라고 부르면서 진정 하나님의 자녀로 살지 못하고 아버지를 욕되게 했음을 회개합니다.

이웃을 사랑하라고 하셨지만, 아직도 원한과 미움을 품고 있음을 회개합니다.

있는 것에 감사하지 않고 없는 것에 불평하면서 살았음을 회개합니다.

자신의 잘못을 깨닫지 못하고 남의 잘못만 호되게 꾸짖었음을 회개합니다.

그러나 하나님께서는 말로만 하는 우리의 회개에 싫증을 내고 계실지 모릅니다.

진심으로 옷을 찢듯 마음을 찢는 철저한 회개를 하게 하옵소서.

교권 다툼과 교회 안의 분쟁과 지도자들의 부도덕과 언행의 불일치로 천하보다 귀한 영혼을 실족시키고 하나님의 거룩한 이름은 땅에 떨어져 짓밟히고 있습니다.

한국 교회의 신뢰도가 추락하며 전도의 문이 막히고 있습니다.

말씀과 삶이 일치하고 회개와 이웃 사랑의 모범을 보이고 모든 양 떼를 목숨 바쳐 사랑하고 포용하는 자비로운 목자들이 되게 하옵소서.

우리의 뼈를 깎는 자기 회개와 믿음의 실천으로 추락한 신뢰를 회복하게 하옵소서.

교회의 머리는 그리스도입니다. 어떤 일이 있어도 그리스도의 몸인 교회의 신성이 훼손되는 일이 없도록 지켜주옵소서.

사탄은 할 수만 있으면 택한 자라도 넘어뜨리려고 우는 사자같이 두루 다니며 삼킬 자를 찾고 있습니다.

개인이나 교회가 마귀의 공격을 막을 수 있도록 우리 모두 영적인 전신 갑주로 무장하게 하옵소서.

우리는 이 교회의 지체로서 유기체가 되어 다양한 은사를 하나님 뜻대로 사용하여 말씀과 성령으로 충만한 교회가 되게 하옵소서.

하나님의 능력을 힘입지 않고는 새해에 맡은 직분을 감당할 수도, 세상을 이길 수도 없습니다. 감당할 수 있는 힘을 주옵소서.

전능하신 하나님, 믿음과 능력과 사랑과 지혜를 주셔서 아동, 청소년, 청년 사역에 집중하여 풍성한 열매가 있게 하옵소서.

하루하루를 살아갈 때 모든 교우들의 가정에 질병이 치유되고 가정 경제가 나아지며 평안과 형통함이 있기를 기도합니다.

　이스라엘 백성들이 가나안에 들어가기 위해 광야에서 연단하였듯이 천국에 들어가기 위해 우리가 겪는 고난과 시련은 불행이 아니라 열매를 위한 과정이며 영광을 위한 씨앗임을 깨달아 불평보다는 감사로 극복하게 하옵소서.

　올 한 해도 선한 싸움을 싸우고 달려갈 길을 마치고 믿음을 지켰으니 이제 주님은 의의 면류관을 예비하여 내게 주실 것이라고 했던 바울의 고백이 우리 모두의 고백이 되기를 빌며 예수님 이름으로 기도합니다. 아멘.

(2011. 1. 23. 주일예배)

백향목을 꺾고
화염을 가르는 소리

기묘자라 모사라 전능하신 하나님이라. 평강의 왕으로 영존하시는 하나님께 찬송과 영광을 돌립니다.

지금까지 죄인 줄 모르고 지은 죄를 회개하고, 죄인 줄 알면서도 정욕을 이기지 못해 지은 많은 죄를 회개하오니 용서해 주옵소서.
삶의 짐이 무거워 주께 간구하오니 우리의 한숨 소리를 들으시고 모든 질곡에서, 곤고함에서 벗어나게 하옵소서.
이 예배를 통해 마음이 청결하여 완전하신 하나님 뵙기를 원합니다.

모이면 예배로 영광 돌리고 흩어지면 삶 속에서 선한 영향력을 발휘하는 성도가 되게 하옵소서.
남을 변화시키기에 앞서 먼저 나 자신이 변하게 하옵소서.
장로는 섬김의 직분입니다. 권위가 아닌 사랑과 헌신으로 교회의 걸림돌이 아닌 디딤돌이 되게 하옵소서.

생명을 걸고 싸우는 사람을 이길 수 없듯이 목회자들은 목숨 걸고 목양하도록 도와주옵소서.

회개를 통해 세상의 소금과 빛이 되어 영적 지도력을 회복하고, 세상의 기준보다 더 높은 도덕적 윤리적인 삶을 살아 교회를 향한 비판적인 시각이 따뜻한 시선으로 바뀌게 하옵소서.

주님 승천하시며 이 땅에 남기신 몸 된 교회, 그 훌륭한 믿음의 선진들은 어디 가고 관광객만 서성거리는 유럽 교회의 전철을 밟지 않기 위해 한국 교회 지도자들이 깨어 경성하게 하옵소서.

전통만 계승할 것이 아니라 믿음을 계승해야 합니다. 우리 자녀들 예수님 잘 믿게 해 주옵소서.

주일학교는 한국 교회의 미래입니다. 대학·청년부가 살아나야 합니다. 가르치는 일에 최선을 다하는 교회가 되게 하옵소서.

수능 준비에 여념이 없는 우리 교회 수험생들, 11월 18일 밤낮으로 땀 흘린 노력이 헛되지 않게 하시고, 실수하지 않게 하시고, 최선의 결과로 하나님께 영광 돌리며 기쁨의 열매를 거둘 수 있도록 도와주옵소서.

부활을 믿는 성도들은 예수님을 닮아야 하고 담대히 나아가며 부활의 증인이 되어야 합니다.

하나님과 약속한 태신자들에게 부활의 증인이 되어 믿음의 길로 인도하는 소기의 결실이 있게 해 주옵소서.

학습 세례 입교하는 교우들, 오늘을 영원히 잊지 않게 하시고 이들과 우리 모두 반석 위에 지은 집처럼 비와 바람이 몰아쳐도 흔들림이 없는 믿음의 사람들이 되게 해 주옵소서.

교회 부흥은 강단에서 나옵니다. 당회장 목사님께 남다른 신령한 은사를 베푸시어 백향목을 꺾으시고 화염을 가르는 여호와의 소리를 힘 있게 대언하게 하옵소서.

성가대가 찬양으로 하나님께 영광을 돌립니다. 수금으로, 정성으로, 항상 새로운 모습으로 하나님을 기쁘시게 하는 성가대가 되게 하옵소서.

예수님 이름으로 기도드리옵나이다. 아멘.

(2010. 11. 7. 주일예배)

Prayer / 88 /

차별의 벽을 허문
십자가

거룩하시고 위대하시며 존귀와 권위의 옷을 입으신 여호와 하나님, 찬양과 영광을 받으시옵소서.

이 시간 회개를 통하여 자기 정화를 하게 하시고 정수기에서 걸러진 물처럼 맑고 깨끗한 심령으로 신령과 진정의 예배를 드리게 하옵소서.
이 예배를 통하여 위대하신 하나님의 영광과 은혜가 이 전에 가득하고 그의 구원을 날마다 전파하길 비옵니다.

"두드리는 이에게는 열릴 것이니라." 삶의 여러 문제 앞에서 믿고 두드리며 간절히 구하오니 열어 주시옵소서.
마음을 다하여 맹세하고 뜻을 다하여 여호와를 찾았으므로 우리를 만나 함께 하시고 평안을 주시옵소서.
삶의 고통이 태산만큼 클지라도 예수님을 바라보게 하옵소서.
상실의 아픔이 바다만큼 넓을지라도 예수님만 바라보게 하옵소서.

맨몸으로 십자가에 못 박혀 돌아가셨다가 부활하신 예수님을 바라보아야 소망이 있음을 믿습니다.

항상 깨어 기도함으로써 육신의 소욕과 탐심과 시험을 이기게 하옵소서.
마귀가 우는 사자처럼 삼킬 자를 찾아다니고 있습니다. 이단에 미혹되지 않게 하옵소서.

목사님께 신령한 은사를 칠 배나 더하시어 타성에 젖고 형식에 묶였던 우리들의 믿음이 말씀에 은혜를 받아 성령의 불을 내려 우리의 심령이 뜨거워지게 하옵소서.
젖병을 문 영적인 유아 상태에서 신령한 꿀과 생명수를 마음껏 먹고 마셔 영적으로 무럭무럭 자라 헌신 봉사 충성하는 일꾼들이 되기를 소원합니다.
예수님의 십자가는 모든 차별의 벽을 허물었습니다. 남녀노소 빈부귀천의 벽을 넘어 예수님 이름으로 온 교우들을 하나 되게 하옵소서.

참 행복이란 세상을 본받지 않고 하나님을 경외하며 건강한 가정을 세우는 것입니다. 우리 교회 가정들, 그리스도의 사랑으로 화목하여 교회의 축소판이 되게 하옵소서.
우리 교회 미혼의 젊은이들, 믿음의 배필을 주셔서 아름다운 가정을 이루게 하옵소서.
출산의 복을 주셔서 많은 아이가 태어나 우리 교회에서 뛰놀며 그리스도의 가르침으로 훌륭하게 성장하여 이 교회와 국가의 기둥이 되게 하옵소서.
아동 인구의 감소율보다 교회 학교의 아동 감소율이 훨씬 높다고 하는데 교회 학교 성장의 열쇠를 쥔 우리 교회 교사들의 노고를 위로하시고 투철한 기독교 교육관으로 무장하여 교회 학교를 부흥하게 하옵소서.

교회는 세상을 감동하게 해야 하며 주님의 사랑으로 포용해야 합니다. 우리 교회는 세상을 닮지 않게 하시고 세상이 우리 교회를 닮도록 말씀의 반석 위에 굳게 서게 하옵소서.

사회가 실종된 도덕성을 회복게 하시고 건강한 사회, 깨끗한 정치가 이루어지도록 대통령과 위정자들을 부디 살펴 주옵소서.

예수님 이름으로 기도드리옵나이다. 아멘.

(2010. 8. 22. 주일예배)

갈등과 분열의
극복

자존하시며, 영원하시며, 어디에나 계시는 신실하신 여호와께 찬양과 영광을 돌립니다.

회개를 통하여 심령이 깨끗하게 정화되기를 원합니다.

우리의 죗값을 대신 지불해 주시고 부활의 첫 열매이신 예수님의 사랑으로 인해 소망과 기쁨의 삶을 살게 하신 은혜에 감사 드립니다.

지치고 상한 심령들이 다시 힘을 얻어 일어서도록 회복의 예배가 되게 해 주옵소서.

기도하기를 쉬는 죄를 범하지 않게 하시고 기도를 통해 막힌 부분이 뚫리게 하옵소서.

우리는 부활의 사건을 증거해야 할 빚을 지고 있습니다. 지역 전도와 세계 선교에 힘을 다하게 하옵소서.

열면 닫을 사람이 없고 닫으면 열 사람이 없게 하시는 주여, 여러 가지 삶의 문제로 애타게 두드리는 문이 이 시간을 통해 열리게 해 주옵소서.

십자가의 고난이 있어야 부활의 기쁨이 있습니다. 진정 죽어야 사는 이 십자가와 부활의 진리를 깨달아 그리스도 안에서 죄에 대하여는 죽고 의에 대하여는 살기를 간절히 원합니다.

하나님을 대적하며 교회를 비판하고 공격하는 세상과 하나님을 화목하게 하는 사명을 감당하는 기독인이 되게 하옵소서.

모든 존재의 관계가 끝나기 전에 가족과 더불어 사는 즐거움, 이웃과 더불어 사는 즐거움, 하나님과 더불어 사는 즐거움을 마음껏 누리며 살게 하옵소서.

주일학교는 우리 교회의 미래이고 교회 성장의 희망이며 주일학교의 감소는 한국 교회의 침체를 의미합니다.

성령께서 우리 교회 주일학교를 간섭하시고 인도하시어 아동과 청소년들에게 꿈과 희망을 주는 교회가 되게 하옵소서.

부활하신 주님께서 하나님과 인간 사이의 막힌 담을 허물었듯이 우리 교회가, 나아가서는 우리 사회가 모든 갈등과 분열을 극복하고 화해와 일치를 이루어 주옵소서.

대구의 팔공산에 불교 테마 공원이 조성된다고 합니다. 기독인의 단결된 힘으로 강력하게 저지하기를 소망합니다.

동족상잔의 6·25가 발발한 지 60년이 되었습니다. 아직도 세계 유일의 분단국, 적대국으로 살아가고 있는데 천안함 사태로 전운이 감돌고 있습니다.

역사의 주관자이신 주님, 평화 통일을 앞당겨 남북이 온전히 하나가 되어 주님을 섬기게 하옵소서.

사방팔방이 막혔어도 하늘을 열어 놓으신 하나님, 앞에는 홍해가 가로막고 뒤에는 애굽 군대가 추격해 오는 진퇴양난의 인생도 항상 열려 있는 하늘에서 하나님의 절대적인 도움의 길을 찾게 하옵소서.

우리 교회 목사님, 설득력 있는 설교자, 은혜로운 목회자, 영성이 남다른 지도자가 되게 해 주옵소서.

오늘도 물질이 주는 기쁨보다 말씀이 주는 은혜가 삶의 원동력이 되기를 간절히 빌며 예수님 이름으로 기도드리옵나이다. 아멘.

(2010. 6. 20. 주일예배)

Prayer / 90 /

민족의 시련
서해안 참사

새순이 돋아나고 백화가 난만하며 온 누리의 자연이 주님 부활을 노래하고 있습니다. 부활의 소망을 주신 주님께 감사와 찬양과 영광을 돌립니다.

기도하는 자를 만나 주시고 부르짖음에 경청하시고 응답해 주시는 주님, 이 시간 하나님의 보좌를 움직이는 기도가 되기를 소원합니다.

"한 입에서 찬송과 저주가 나오는도다. 내 형제들아 이것이 마땅하지 아니하리라"는 하나님의 말씀이 들립니다.

예수는 좋은데 예수 믿는 사람은 싫다는 세상의 소리를 아프게 받아들이게 하옵소서.

다윗과 바울이 철저한 자기 부인으로 영성을 회복하였듯이 이 시간 철저한 회개와 자기 부인의 예배가 되게 하옵소서.

지난날의 과오를 진심으로 뉘우치는 회개와 사랑의 실천에 모범을 보이는 신앙인이 되게 하옵소서.

이스라엘에는 정작 예수님이 없다고 합니다. 이스라엘을 비롯하여 온 세계가 그리스도의 우산이 되어 대속의 은총을 받아 누리게 하옵소서.

유럽의 교회는 박물관으로 변하기도 하고 이슬람 사원으로 바뀌기도 합니다.

21세기에 접어들면서 한국 교회도 성장 둔화에서 감소 추세로 나아가고 있습니다.

온 기독인들이 합심하여 초대 교회로 돌아가 갱생과 회복의 역사가 일어나게 하옵소서.

쥐들도 지진이 올 것을 알고 대비한다는데 철없는 인간들은 아직도 세상 끝날 때를 모르고 역주행을 하고 있습니다.

피로 값 주고 사신 우리 교회가 푸른 초장과 잔잔한 물가가 되기를 원합니다.

귀로 듣기만 했던 믿음에서 눈으로 보고 체험하는 신앙의 경지에 들게 하옵소서.

목사님께 뛰어난 리더십과 지성, 신령한 능력과 영성을 더하시어 강단에서 생수의 강이 넘쳐흐르게 하옵소서.

심령에 하나님의 은혜와 말씀을 가득 채워 물욕과 허욕을 따라 살지 않게 하옵소서.

매일매일 하나님 은혜와 영광을 찬송하게 하옵소서.

굳이 입을 벌려 찬송하지 않아도 우리의 삶 자체가 하나님 영광의 찬송이 되기를 원합니다.

바울과 실라가 기도와 찬송할 때 단단한 차꼬가 풀리고 굳게 닫힌 옥문이 열렸듯이 우리의 기도와 찬송도 삶을 옥죄는 차꼬가 풀리고 옥문이 열리게 하옵소서.

합격의 문, 취업의 문, 출산의 문, 결혼의 문, 치유의 문이 열리게 하옵소서.

복음 전파를 부끄러워하지 않고 십자가의 능력과 성령의 권능을 힘입어 전도에 힘쓰게 하옵소서.

어린 영혼들에 관심을 기울이지 않으면 지금의 부흥은 당대에 끝날 것이라고 경고하듯이 주일학교 교육이 잘 이뤄지도록 도와주옵소서.

서해안 참사는 우리 민족의 시련이자 위기입니다. 한국 교회의 영적인 힘으로 난국을 극복하여 다시는 동족상잔의 우를 범하지 말고 남북이 하나 되게 하옵소서.

예수님 이름으로 기도합니다. 아멘.

(2010. 4. 11. 주일예배)

광야와
시글락

거룩하신 하나님 아버지의 이름을 송축하며 영존하시는 주님을 사랑하는 교우들이 기쁜 마음으로 나아와 주께 경배, 찬양, 영광을 돌립니다.

헌 옷같이 낡고 닳아질 저희를 부르심에 감사하며 살아 있음에 감사하며 진리의 말씀을 듣게 하심에 감사를 드립니다.

육신이 연약하여, 믿음이 부족하여, 주님의 가르침대로 살지 못하고 죄와 허물만 늘어났음을 자복하고 회개합니다.

하나님과 신령한 교제를 하게 하시고 기도로 하나님과 소통이 이루어지게 하시고 잡념과 졸음을 극복하고 정성이 담긴 진실한 예배가 되길 간절히 소원합니다.

듣기는 들어도 도무지 깨닫지 못하고 보기는 보아도 도무지 알지 못한다며 지금도 책망하시는 주님, 이 예배를 통해 막힌 귀를 뚫어 주시고 감은 눈을 뜨게 하시고 닫힌 마음을 열어 깨달아 주님께 좀 더 가까이 나아가게 하옵소서.

목사님께 능력을 더하사 말씀이 임할 때 영육 간에 질병이 치유되고 궁핍이 해소되고 상처받은 심령이 위로받아 참 평안을 누리게 하옵소서.

순간순간 광야와 시글락 중에서 선택을 해야 하는 인생의 갈림길에서 기도의 눈을 뜨고 인간의 생각이 아니라 하나님의 뜻을 좇아 가장 최선의 길을 선택하는 성도가 되게 하옵소서.

피로 값 주고 사 세운 우리 교회가 성도들과 지역 주민들의 영적인 쉼터가 되게 하시고 오고 싶고 머물고 싶고 떠나기 싫은 교회가 되기를 간절히 소망합니다.

부모가, 부부가, 자녀들이 모두 예수를 믿는 가정의 복음화가 이루어지기를 간구합니다.

우리 교회와 담장을 사이에 둔 옆집과 앞뒷집이, 근처 이웃 주민들 모두가 예수 믿고 구원받게 해 주옵소서.

우리 교회가 살기 위해서는 주일학교가 살아야 합니다. 주님의 성정을 닮아 가도록 훈육하는 교사들에게 지혜와 명철을 더하여 주일학교가 부흥하게 하옵소서.

한국 교회가 성장을 멈추고 자칫 쇠락의 길로 접어들었다는 우려가 현실이 되지 않도록 전도하고 사회의 소금과 빛의 역할을 다하게 하옵소서.

한국 교회를 섬기는 사역자들, 오직 목양에만 진력하는 선한 목자들이 되게 하시고 평신도들은 선한 목자의 가르침을 잘 따라 부흥의 불길이 다시 일어나 세계 선교를 주도하는 대한민국이 되기를 간절히 소원합니다.

이 땅에 불의와 부정이 사라지고 분단된 조국이 복음으로 통일되어 인권이 회복되고 전쟁의 불안에서 벗어나게 하옵소서.

폭우와 폭설, 한파와 지진의 자연재해에 신음하는 세계 도처의 이재민들에게 자비를 베풀어 주옵소서.

기름 부어 세우신 당회 위에 함께 하셔서 모든 교우에게 믿음의 본이 되고 가장 낮은 곳에서, 가장 낮은 자세로 이 교회를 섬기는 신실한 종들이 되기를 간절히 기도드립니다.

아름다운 음악으로 주님께 영광 돌리는 할렐루야 찬양대의 찬양에 존귀 영광 받으시옵소서.

예수님 이름으로 기도드리옵나이다. 아멘.

(2010. 2. 7. 주일예배)

지친 어깨를 떠미는
칼바람

독생자를 화목 제물로 내어 주신 하나님 홀로 존귀 영광 받으시고, 가장 낮은 곳으로 오셔서 십자가에 죽기까지 순종하여 값진 인간 구원을 이루신 주님을 찬양합니다.

자기를 부인하고 자기 십자가를 지고 나를 따르라고 하셨지만 자기를 주장하고 자기 십자가를 버리고 내 뜻대로 살았음을 회개합니다.

우리에게 예수 그리스도 십자가 외에 결코 자랑할 것이 없음을 깨닫게 하시고 허물과 허욕의 죄를 그리스도의 보혈로 정결하게 해 주옵소서.

고난 없이 꿈을 이룰 수 없고 시험과 연단 없이 깊은 믿음의 세계에 들어갈 수 없음을 깨달아 고난과 시험과 실패에도 감사할 수 있는 성숙한 신앙인이 되기를 소망합니다.

태신자 초청 주일을 맞아 오늘 처음 오신 형제자매들의 첫걸음이 복되게 하시고 전능하신 주님의 손을 꼭 붙잡고 살아가는 그 걸음이 영원한 천국에까지 이어지게 하옵소서.

지난 세월 무거운 짐을 지고 봉우리를 향해 힘겹게 올라갔지만 우리들을 기다리는 것은 지친 어깨를 떠미는 매서운 칼바람뿐이었습니다.

천부여, 당신밖에는 의지할 데가 없어서 무거운 짐을 싸서 지고 나왔습니다. 주님 외에는 다른 도움이 없습니다. 주께서 내치시면 우리는 어디로 갑니까? 수고와 염려 모두 주님 앞에 내려놓사오니 신령한 도움과 안식을 주옵소서.

이 예배를 통해 한숨이 찬양이 되고 근심이 기도가 되어 하나님과 신령한 교제의 시간이 되게 해 주옵소서.

말씀을 잘 듣고 새겨 영적 근육을 만들어 삶의 현장으로 가서 담대하게 그리스도인다운 삶을 살게 하옵소서.

하나님의 말씀을 주야로 묵상하며 달콤한 말씀만 좇는 영적 유아가 되지 않게 하시고 쓴 말씀도 능히 소화할 수 있는 성숙한 기독인이 되기를 원합니다.

자신을 죽이려고 공격하는 이들을 위해 용서의 기도를 드린 스데반처럼 용서할 수 없는 사람들까지도 포용하고 사랑할 수 있는 신앙인이 되게 해 주옵소서.

예수님 사역의 본질은 사탄과 싸워 이기는 것이었습니다.

우리를 미혹하는 사탄이 한 길로 올 때 말씀의 검을 통해 일곱 길로 도망가게 하시고 오히려 우리가 일곱 길로 도망가는 일이 없도록 항상 말씀으로 무장하게 하옵소서.

우리 교회 반경 100m, 1km이내 주민들 모두 우리 교회 구원 열차를 타게 해 주시고 하루속히 부산이 성시화되기를 기도합니다.

구호와 원조를 받던 우리나라가 세계에서 유일하게 주는 나라로 번영하게 하심은 한국 교회에 세계 선교를 맡기시기 위함인 줄 알고 그 역할을 충실히 감당하는 한국 교회가 되게 해 주옵소서.

할렐루야 찬양대의 신령한 찬양으로 하나님 영광 받으시고 화답하여 주옵소서.

우리를 죄에서 구하시려고 십자가를 지고 가신 주 예수 그리스도의 이름으로 기도드립니다. 아멘.

(2009. 11. 22. 주일예배)

신령한
수확

우주와 만물을 창조하시고 인간의 역사를 주관하시는 존귀하신 하나님께 찬송과 영광을 돌립니다.

오늘 우리에게 성일을 허락하셔서 주님의 보좌 앞에 나오게 하심을 감사하오며 감히 주님 앞에 설 수 없는 죄인들이오나 그리스도의 사죄 은총을 입고 나왔사오니 신령한 복을 내려 주옵소서.

주님은 우리가 지나온 과거를 후회하기를 원하는 것이 아니라 진심으로 회개하기를 원하십니다.

우리 자신과 자녀들을 위해 진정으로 회개의 눈물을 흘리는 시간 되게 해 주옵소서.

찬양과 기도와 말씀을 통해 하나님을 인격적으로 만나고 영성이 회복되는 향기로운 예배가 되기를 소원합니다.

이 예배를 통하여 간구하는 문제들의 응답이 있게 하시고 특별히 질병을 앓고 있는 교우에게 주님 안수하시어 낫게 하여 주옵소서.

일상생활에서 여호와를 높이 찬양하는 신앙인이 되어 걱정과 근심과 사망의 그림자를 물리치게 하옵소서.

이 시간 한국의 모든 교회에서 드리는 예배를 통해 이 땅에 진정한 평화와 사랑이 깃들게 하시고 남북과 동서가 하나 되게 해 주옵소서.

부활의 주님을 믿는다고 하면서 죽음의 그림자만 보고도 불안해합니다. 사망의 권세를 이긴 확고한 부활 신앙으로 담대하게 살아가기를 원합니다.

마귀는 우는 사자와 같이 삼킬 자를 두루 찾으며 저희를 위협하고 있습니다. 마귀의 유혹에 미혹되지 않도록 성령께서 지켜주옵소서.

내 입에 파수꾼을 세우시고 내 입술의 문을 지키소서. 말 한마디가 가시가 되고 송곳이 되고 칼이 되어 형제를 찔러 상처가 되지 않도록 언행에 본이 되게 하옵소서.

교회의 여러 기관이 헌신 봉사의 열매, 전도의 열매를 맺을 수 있도록 도와주옵소서.

오곡백과를 익게 한 찌는 듯한 무더위도 고맙듯 풀무불 속의 연단과 고난에도 감사함으로 가을에는 신령한 수확을 풍성하게 거두게 하옵소서.

연로하신 교우들은 젊었을 때 이 교회와 국가를 위해 땀 흘린 역군들입니다. 신앙생활에 불편함이나 소외감을 느끼지 않도록 배려하는 교회가 되게 하옵소서.

생명의 주인이신 하나님, 주님의 겸손을 배우게 하시고 섬기는 자로서의 삶을 살게 하시고 하나님의 선하시고 온전하신 뜻을 분별하여 그대로 좇아서 행하게 하옵소서.

교회 지도자들은 언행일치 신행일치로 능력보다 먼저 인격을 갖추어 품격 있는 지도자들이 되게 하옵소서.

목사님께 지혜와 신유의 은사를 주시고 능력 있는 목자가 되어 우리를 향하신 하나님의 뜻을 온전히 깨닫게 하시고 우리 교회 부흥하게 하옵소서.

　오늘도 전하시는 말씀이 생명의 빛이 되어 눈먼 영혼들을 비춰 주시고 영안을 밝게 해 주옵소서.

　예수님 이름으로 기도드리옵나이다. 아멘.

(2009. 9. 6. 주일예배)

한숨이 변하여 찬양
근심이 변하여 감사

우리를 지으신 하나님, 우리를 살리신 하나님께 감사를 드립니다.

세계와 만물과 인간의 역사를 주관하시고 섭리하시는 전능하신 하나님께 영광과 찬양을 드립니다.

때로는 유다처럼 주님을 배반하고, 때로는 베드로처럼 주님을 부인하며 살았던 우리의 잘못과 허물을 용서해 주옵소서.

심판이 애통의 날이 되지 않도록 깨어 기도하고 지은 죄를 회개하는 민족이 되게 하옵소서.

비록 질그릇이지만 불평과 불만, 의심과 미움의 찌꺼기를 버리고 깨끗한 은혜의 그릇을 준비하게 하옵소서.

주님의 은밀한 음성을 듣고 오묘한 진리의 말씀을 깨달아 은혜를 듬뿍 담아가는 예배가 되게 하옵소서.

은혜로운 예배를 드림으로 한숨이 변하여 찬양이 되게 하시고 근심이 변하여 감사가 되기를 간절히 기원합니다.

우리의 인생을 까맣게 가리고 있는 고난과 시련의 먹구름을 걷어내어 주시고 그 뒤에 계시는 하나님의 인자하신 미소를 보게 하옵소서.

전적으로 예수님을 의지하고, 하나님 나라와 그 구속의 역사를 믿고 소망하며 사랑하는 성도가 되게 하옵소서.

악은 어떤 모양이라고 버리고 율법을 주야로 묵상하는 신앙인이 되게 해 주옵소서.

입으로 들어가는 것이 사람을 더럽게 하는 것이 아니라 입에서 나오는 것이 사람을 더럽게 한다는 말씀처럼 말을 조심하여 교우들 간에 상처가 되지 않게 하시고 덕 있는 언어생활을 통하여 성도 간에 사랑과 화합을 도모하게 하옵소서.

우리 교회의 믿음 있는 청년들이 일어나게 하셔서 이들의 헌신을 통해 건강한 교회, 젊은 교회가 되게 하옵소서.

내일을 위해 오늘을 사는 주일학교 학생들, 지식과 인격과 믿음을 잘 습득하고 연마하여 교회와 국가의 유용한 인물이 되도록 성령께서 인도하시고 교회 교육이 잘 이루어지도록 지도자들에게 지혜와 능력을 주옵소서.

온 교우들이 합심하여 천국의 기쁨이 넘치는 교회, 하늘 문을 여는 능력 있는 교회가 되도록 마음을 모으게 하옵소서.

이역만리, 산간벽지에 파송된 선교사들의 안전과 건강을 지켜주시고 풍성한 사역의 열매를 맺게 해 주옵소서.

위정자들이나 국민들 모두 진정으로 국가의 장래를 위해 걱정하게 하시고 국론이 분열되지 않도록 도와주옵소서.

예수님께서 제자들이 하나가 되게 해 달라고 마지막으로 드린 기도처럼 가정이, 교회가, 한국의 기독교가 하나 되게 하시고 세대가, 여야가, 남북이, 대한민국이 하나 되게 하옵소서.

북한의 미사일과 핵의 위협으로부터 이 나라를 지켜주시고 복음으로 평화 통일이 속히 이뤄지기를 소원합니다.

북방에서 기울어진 끓는 가마의 재앙이 이 나라의 국민들에게 임하지 않도록 보호하여 주시기를 간절히 빌고 원하오며 예수님 이름으로 기도드리옵나이다. 아멘.

(2009. 6. 21. 주일예배)

부활의
새 노래

예수님께서 가난하고 불쌍한 사람들의 친구로 오신 것처럼 오늘도 위로와 평강의 주로 우리와 함께하심을 감사 드립니다.

우리의 죄를 뼛속 깊이 회개하여 여호와의 날이 심판의 날이 아니라 은혜의 날이 되게 하옵소서.
이른 새벽에 길어 올린 정화수같이 맑고 깨끗한 마음과 지극한 정성으로 드리는 예배가 되게 하옵소서.
찬양과 기도와 말씀으로 하나님을 인격적으로 만나는 예배, 향기로운 예배가 되게 하옵소서.

시들어 관 속에 누워 있는 마른 뼈 같은 믿음에 힘줄과 살이 생기고 피부가 덮이도록 신령한 예배를 통해 믿음의 생기를 불어넣어 주옵소서.
부활로 영생의 소망을 주신 주님을 찬양하며 머리 숙인 심령들, 부활의 감격과 기쁨이 넘치게 하시고 마음과 귀를 열어 주옵소서.

하나님을 찬양하는 것이 가장 기쁜 일이고 하나님께 받은 달란트는 하나님의 영광을 위해 올려 드리기를 원합니다.

"죄가 문에 엎드려 있느니라"고 가인을 향한 주님의 경고가 지금도 나팔 소리처럼 들립니다. 죄짓지 않고 정결한 삶을 살게 하옵소서.

불신 가족을 구원하여 주시고 지역과 열방으로 복음을 전파하여 북한과 일본, 공산권과 이교도의 땅에도 선교의 문이 열리게 하옵소서.

태신자 운동이 아름다운 열매를 맺어 지경을 넓히고 부흥하는 교회가 되게 해 주옵소서.

한국선교 120년, 부흥기를 지나 정체기에 있는 한국 교회, 세상으로부터 외면을 당하지 않도록 뼈를 깎는 자기반성과 회개, 갱신 운동으로 소금과 빛의 사명을 회복하게 해 주옵소서.

투병 중인 교우들, 치유의 역사가 일어나게 해 주시고 경제적으로나 그 밖의 여러 인간고로 어려움을 겪고 있는 교우들에게 감당할 힘을 주옵소서.

시험은 동굴이 아니라 터널이라는 것과 감당치 못할 시험을 주시지 않는다는 것과 욥과 다니엘처럼 가장 사랑하는 자에게도 연단을 위해 혹독한 시련을 주신다는 것을 깨닫고 성숙한 신앙으로 이를 극복하게 해 주옵소서.

어려움을 겪고 있는 이웃을 보고 아파하거나 함께 울지도 않는 우리의 굳은살과 같은 마음을 도려내어 이웃을 사랑하는 감정의 샘이 마르지 않기를 원합니다.

서로 용서하고 화목하며 이웃을 내 몸처럼 사랑하는 마음을 주옵소서.

우리 죄를 위하여 살을 찢으시고 피를 흘리신 것을 기념하는 성찬 예식을 통해 눈물의 회개가 있게 하시고 무딘 영성이 회복되는 거룩한 예식이 되게 해 주옵소서.

특별 새벽 기도회를 통해 주님의 고난에 동참하게 하옵소서.

부활의 새 노래로 잠든 생명을 깨워 주시고 부활의 첫 열매가 되신 예수님 이름으로 기도드리옵나이다. 아멘.

(2009. 4. 5. 주일예배)

Prayer / 96 /

경제 한파를 녹이는
기도

생명의 주인이신 하나님께 찬양과 영광을 돌립니다.

주님의 은혜가 아닌 것이 없지만 매사에 불평하고 조그마한 시험에도 낙심했던 지난날의 연약함과 부족함을 용서해 주옵소서.

구원은 인간의 공로가 아닌 절대적인 하나님의 은혜로 되는 것임을 믿고 인간적으로 감사할 수 없는 일까지 감사하는 성숙한 신앙인이 되기를 소원합니다.

찬바람이 얼음을 녹일 수 없습니다. 뜨거운 기도로 경제 한파를 녹이게 하여 주옵소서.

예수님의 옷자락만 만져도 12년 묵은 혈루증이 나으리라는 여인의 강한 믿음을 우리도 본받게 하옵소서.

육신의 질병으로, 경제적인 궁핍으로, 사업의 실패로 어려움을 겪고 있는 교우들, 주님도 십자가 고난을 통하여 구원을 완성하셨음을 깨닫고 믿음으로 슬기롭게 극복할 수 있도록 힘을 주옵소서.

　기도하는 부모가 되고 믿음의 본이 되어 선물로 주신 귀한 자녀들을 말씀과 교훈으로 바르게 양육할 수 있도록 도와주옵소서.
　교회가 어린 영혼에 깊은 관심을 가지며 가르치고 훈련하는데 소홀하지 않게 하셔서 바울이 디모데를 기른 것처럼 디모데 같은 훌륭한 일꾼들이 주일학교를 통해서 많이 배출되게 해 주옵소서.

　주님의 피로 값 주고 세우신 한국 교회가 물질주의와 기복 신앙에 빠져 하나님 영광을 가리지 않게 하시고, 진리 위에 서서 칼뱅의 순수한 개혁 신앙을 따르게 하시고, 하나님 나라 확장과 영적인 부흥에 매진하는 우리 교회 되게 해 주옵소서.

　금년에 계획하고 있는 교회의 여러 사업이 차질 없이 이루어지도록 성령께서 인도해 주옵소서.
　사명과 직분에 따라 맡겨진 일에 믿음으로 헌신하여 풍성한 열매를 맺는 한 해가 되게 해 주옵소서.
　교회를 위해 이름도 빛도 없이 묵묵히 음지에서 봉사하고 헌신하는 종들을 위로해 주옵소서.

　당회장 목사님께 능력을 더하사 담대하게 말씀이 선포되게 하시고, 상하고 지친 심령, 하나님과 멀어졌던 영혼들, 말씀으로 회복되고 주께 다가가는 놀라운 역사가 일어나게 하옵소서.
　창세기부터 요한계시록까지 우리에게 선교하라고 말씀하시는 하나님, 먼저 믿은 우리가 가는 선교사나 보내는 선교사가 되어 땅끝까지 복음이 스며들게 하옵소서.

말씀과 예배와 할렐루야 찬양대의 찬양의 향기가 하늘 보좌에 상달되어 하늘 문을 여시고 신령한 복을 내려 주시옵소서.

통일은 우리의 열망이나 의지로 이루어지는 것이 아니라 하나님의 절대 주권에 의한 것이기에 올해가 통일의 원년이 될 수 있도록 주님의 자비를 구합니다.

우리의 피난처이시며 환난 중에 만날 큰 도움이신 만군의 여호와께서 늘 우리와 함께하심을 감사드리고 믿음으로 삶의 풍랑을 극복하는 신앙인이 되기를 간절히 비오며 예수님 이름으로 기도드리옵나이다. 아멘.

(2009. 1. 18. 주일예배)

청산이
지란을 기르듯

주님께서 달린 십자가는 우리가 만들었습니다. 주님 지신 십자가에 돌을 던진 사람도 우리였음을 고백하고 회개합니다.

예수를 믿어도 변화되지 않고 말씀을 알아도 말씀과는 동떨어진 삶을 사는 죄인을 용서해 주옵소서.

우리는 모두 예수 그리스도 안에서 형제자매이며 한 하늘 가족입니다. 아버지이신 하나님을 한목소리로 경외하며 서로 사랑하게 하옵소서.

우리의 죄 때문에 십자가에 못 박혀 돌아가신 주님을 생각해도 가슴에 뜨거움이 없거나 눈시울이 젖지 않는다면 설교자께 권능을 더하사 대언하는 말씀이 성령의 불이 되게 하시고 메마른 가슴에 성령의 단비가 되게 하시어 은혜의 생수가 우리의 가슴에 흘러넘치게 해 주옵소서.

주님을 만나는 기쁨의 시간이 되게 해 주옵소서.

부르짖어 기도함으로 우리가 알지 못하는 크고 비밀스러운 일을 이 시간 보여 주옵소서.

대속의 은혜에 꽃과 열매보다 아름다운 감사의 고백이 있게 해 주옵소서.

털어도 먼지가 나지 않는 장로들이 되게 해 주시고 순전한 믿음의 크리스천이 되기를 원합니다.

우리 앞을 가로막는 난공불락의 여리고 성이 무엇입니까? 질병, 가난, 시험, 불신, 반목을 믿음과 말씀 순종으로 극복하게 해 주옵소서.

삶에 지친 주의 자녀들을 로뎀나무 아래로 인도하여 몸과 마음의 상처를 싸매고 어루만져 주시어 하나님의 따뜻한 위로의 손길을 느끼게 하옵소서.

온 천하에 다니며 만민에게 복음을 전파하라고 명하셨듯이 약정한 태신자를 정성껏 품었다가 11월 9일 모두 탄생하여 이 교회가 새 생명으로 넘쳐나기를 소망합니다.

천국의 기쁨이 넘치는 교회, 말씀이 살아 역사하는 교회가 되게 해 주시고 언 가슴을 녹이는 사랑이 있는 교회, 병든 자를 치료하는 능력이 있는 교회가 되게 해 주옵소서.

새 가정을 꾸리고 사랑의 선물로 주신 우리 교회 어린 자녀들, 청산이 무릎 아래 지란을 기르듯 잘 양육하여 이 교회와 국가의 큰 인재가 되게 하옵소서.

다음 세대가 복음을 고백하도록 주일학교 교육이 철저하게 이루어지게 하시고 우리 교회 주일학교 학생들 원대한 하늘나라의 꿈을 꾸게 하옵소서.

혼기가 된 우리 교회 청년들 믿음의 짝을 만나 아름다운 가정을 이루어 출산의 복을 받게 하시고 더 많은 어린이가 이 교회에서 꿈을 키우게 해 주옵소서.

수확을 위해 씨를 뿌려야 하는 것처럼 복음의 씨를 뿌리고 영적인 수확을 위해 희생하기를 원합니다.

"내가 모세에게 말한 바와 같이 무릇 너희 발바닥으로 밟는 곳을 내가 다 너희에게 주었노니"라는 말씀대로 우리의 수고와 노력으로 이 꿈이 이루어지기를 소원합니다.

성가대의 영혼을 일깨우는 찬양과 드리는 예물과 우리들의 마음이 경건하고 소중한 산 제물이 되기를 비오며 예수님 이름으로 기도하옵나이다.

아멘.

(2008. 10. 26. 주일예배)

오고 가는
모든 세대에게 내린 명령

죄와 사망으로부터 우리를 구원하시기 위해 희생의 제물이 되신 성자 하나님께 감사를 드립니다.

수고하고 무거운 짐 진 자들이 주께로 나왔습니다. 원죄의 짐, 질병의 짐, 경제의 짐, 시험의 짐을 모두 주께 맡기오니 신령한 안식을 주옵소서.

일주일 동안 하나님을 얼마나 사랑하였으며 이웃을 얼마나 사랑하였습니까?

이웃을 내 몸같이 사랑하라고 하셨는데 때로는 분을 참지 못하여 다투고 미워하다가 후회하는 연약한 인간을 용서해 주옵소서.

하나님 사랑과 이웃 사랑은 오고 가는 모든 세대에게 내린 가장 큰 명령이요, 계명임을 다시 한번 깨닫는 시간 되게 해 주옵소서.

피로 값 주고 사신 우리 교회, 세상을 닮지 말고 순수한 말씀 중심의 교회가 되게 해 주옵소서.

누구나 이곳에 오면 세상에서 받은 상처가 치유되고 영혼의 쉼터, 구원의 방주가 되게 해 주옵소서.

직장에서, 일터에서 전도하게 하시고 기독인으로서의 향기로운 삶을 통해 우리 자신이 전도지가 되게 해 주옵소서.

예수를 세 번이나 부인했던 베드로가 성령이 충만하자 하루에 삼천 명을 전도하고 성전 미문의 앉은뱅이를 일으켰던 것처럼 우리도 성령이 충만하여 새로운 부흥의 역사를 일으키게 하옵소서.

고유가, 고물가, 경기 침체로 나라가 어렵습니다. 이런 때일수록 온 국민이 하나가 되어 난국을 타개할 수 있도록 지혜를 주옵소서.

우리 교회 교우들, 가정 경제가 나아지게 해 주시고 질병의 올무에서 벗어나게 해 주옵소서.

작거나 크거나 시련 역경을 믿음으로 극복하게 해 주옵소서.

소천하신 교우의 명복을 빌며 유가족을 위로하옵소서.

주일학교에서 준비하고 있는 각종 여름 행사를 통해서 믿음이 단련되고 성숙해지기를 원합니다.

수확을 위해 씨를 뿌려야 하는 것처럼 복음의 씨를 뿌리고 풍성한 수확을 얻는 여름 행사가 되기를 간절히 기도드립니다.

설교가 설교 되게 하고 찬송이 찬송 되게 하고 기도가 기도되게 하고 예배가 예배 되게 하고 교회가 교회 되게 하옵소서.

스물네 시간 성소의 불을 밝히는 우리 목사님, 하나님의 그림자가 되게 하시고 우리는 그림자를 보고 빛이신 하나님과 교통할 수 있도록 원만한 인격과 큰 능력의 목자가 되게 해 주옵소서.

오늘도 살았고 운동력이 있는 하나님의 말씀을 전할 때 우리는 믿고 시인하여 말씀의 역사가 우리의 삶 속에서 일어나게 해 주시옵소서.

예루살렘 찬양대의 성가가 하나님의 보좌를 움직이고 우리의 심금을 울리는 곡조 있는 기도가 되게 해 주시기를 간절히 빌며 예수님 이름으로 기도드립니다. 아멘.

(2008. 7. 13. 주일예배)

모퉁이의
머릿돌

창조주 하나님은 우리의 힘이시고 희망이시고 기쁨이시고 생명이심을 고백합니다.

하늘의 신령한 양식보다 썩어 없어질 육의 양식만을 위해 동분서주하였고 나보다 나은 사람만 부러워하고 나보다 못한 사람을 따뜻하게 안아 주지 못하였음을 회개합니다.

하나님께 영광 돌리고 하나님을 찬송하게 하려고 인간을 지으신 여호와 하나님, 주께 영광 돌리고 찬송하는 일에 신명을 바치는 신앙인이 되게 하옵소서.

주님께서 주신 은사와 은혜를 주님의 몸이신 교회와 이웃을 섬기고 나누는 데 사용하게 해 주옵소서.

우리는 건축자들에게 버림받은 돌이었지만, 작거나 크거나 하나님의 뜻을 이루는 모퉁이의 머릿돌이 되길 원합니다.

섬김과 헌신과 봉사가 힘에 부칠 때 구원의 은혜를 생각하고 활력을 회복하게 하옵소서.

이 시간 동방 박사가 가져온 황금 유향 몰약 같은 진심과 정성이 깃든 예배 되게 하옵소서.

범사에 기한이 있고 천하만사에 다 때가 있으니 하나님께서 주신 소중한 시간을 선용하고, 지난날의 과오와 아쉬움을 반전의 거울로 삼아 새로운 다짐과 보람으로 바꾸는 하루하루가 되게 하옵소서.

한 해를 마감하는 그날에 예수 인도하셨다는 고백과 함께 승리의 개가를 부를 수 있도록 힘을 주옵소서.

성경으로 돌아가야 합니다. 살아 계신 하나님의 절대 권위와 능력의 말씀을 믿고 낡고 썩을 겉 사람보다 속사람이 날로 새로워지게 하옵소서.

그리스도께서 다시 오시는 날을 소망하는 우리의 시민권은 하늘에 있음으로 하늘나라 시민답게 경건하게 살기를 원합니다.

그저 한 번 예배에 참석하는 것으로 신앙의 의무를 다하는 것이 아니라 주를 위한 섬김과 헌신의 땀을 흘리는 성숙한 신앙인이 되게 하옵소서.

보이는 무거운 짐과 보이지 않은 괴로운 짐을 잔뜩 지고 왔사오니 대언하는 말씀으로 활력의 기운을 불어넣으시고 영혼의 쉼을 얻게 하옵소서.

백발은 영화의 면류관이며 늙은이를 꾸짖지 말고 권하되 아버지께 하듯 하라고 가르치셨듯이 우리 교회 어르신들을 공경하게 하옵소서.

기쁜 마음으로 하나님을 섬기고 노약자들을 보살피며 지역 사회로부터 신망을 얻어 기독인으로서의 자부심을 느끼고 행복한 신앙생활을 할 수 있는 모범적인 교회가 되게 하옵소서.

도시 미자립 개척 교회들, 농어촌의 영세한 작은 교회들, 몸부림칠 힘도 시간도 사그라지는 어려운 형편을 불쌍히 여기시고 자비를 베풀어 주옵소서.

열방과 오지의 영혼을 구원하기 위해 열정을 품고 선교의 도구가 된 국내외 선교사들의 활약에 하나님의 평강이 함께 하옵소서.

시대적 조류에 역행하는 한반도의 긴장 고조가 우리들을 불안하게 하고 있습니다. 역사의 물꼬를 평화 통일로 바꾸어 주실 것을 주께 간구하오며 예수님 이름으로 기도드리옵나이다. 아멘.

(2008. 1. 13. 찬양예배)

은혜의
마중물

독생자 예수를 모든 사람의 구세주, 중보자, 모든 것의 상속자, 심판관으로 세우신 하나님께 찬송과 영광을 돌립니다.

죄를 뉘우치고 후회하는 정도의 회개가 아니라 죄와 완전히 단절하는 회개가 있게 하시고 입술로만 하나님과 이웃을 사랑하는 외식자들이 되지 않게 하옵소서.

우리가 섬기는 성전에 주님의 옷자락이 가득하고 우주 만물을 통치하시는 하나님 앞에서 진정한 용서를 구하는 삶과 생활의 예배가 되기를 원합니다.

우리가 부르는 곡조 있는 기도이자 고백인 찬송이 하나님을 기쁘시게 하고 은혜의 마중물이 되게 하옵소서.

영원히 인자하시기에 죄인인 우리를 단죄하지 않고 속량의 긍휼을 베푸신 하나님, 절망의 상황에서도 울지 말고, 원망하지 말고, 포기하지 말고,

감사하는 신앙인이 되게 하옵소서.

십자가 은혜, 부활의 감격을 잊고 신앙이 해이해지거나 삶의 무게 앞에서 믿음을 놓아 버리는 일이 없기를 간절히 기도합니다.

아무 쓸모 없는 광야의 떨기나무 같은 우리에게 하나님의 불, 성령의 불, 말씀의 불이 붙어서 극상품 포도나무 되게 하옵소서.

'주의 날개 그늘 아래'에서 바이러스의 재앙이 종식되도록 하나님의 자비를 구합니다. 침묵하시는 것 같지만 그 속에서 말씀하시는 하나님께 귀를 기울이고 그분의 음성을 듣고 믿음으로 기다리게 하옵소서.

젊은 교인들이 소리 없이 떠나지 않도록 교회의 중요한 역할을 맡겨 보람과 자긍심을 느끼게 하고 청년 예수의 정신을 이어받아 젊은 교회가 되게 하옵소서.

복음 안에서 좌우, 동서, 남북이 하나가 되고 반기독인들까지 십자가의 도로 품어 안는 한국 교회가 되게 하옵소서.

교회가 물질주의, 세속주의에 물들지 않게 하시고 한국 교회가 이 시대의 희망이자 사회의 등불이 되게 하옵소서.

아프게 하시다가 싸매시며 상하게 하시다가 고치시는 하나님, 육신의 병, 마음의 병을 치료하여 주시고 사회와 국가의 고질병까지 고쳐 주옵소서.

말씀의 검으로 영육 간의 썩어가는 환부와 고착되어 가는 인습과 타성을 도려내어 죽음에서 구하여 주옵소서.

사회 환경과 목회 환경이 너무 어렵고 비정상을 정상이라 말하는 혼란스러울 때 기본과 원칙을 지키고 회개와 사랑의 모범이 되는 목회 사역이 이루어지게 하옵소서.

건강한 교회를 만들기 위해 노력했으나 능력의 한계를 느끼고 한 알의 밀알이 되어 썩지 못했음을 용서하옵소서.

새 포도주를 새 부대에 넣고, 신선한 바람을 일으켜 하나둘 소리 없이 빈자리가 늘어나지 않도록 모든 교우가 합심하여 기도하고 헌신 봉사하는 쇄신이 일어나기를 원합니다.

안전을 우선하고 생명을 존중하는 사회, 공정과 정의로운 나라가 되게 하시고 사회와 민족 통합의 길을 열어 주옵소서.

교우들의 가정과 학교에, 직장과 일터에 하나님의 능력과 은혜와 평강이 임하시기를 간절히 빌며 우리의 생명과 구원과 부활이신 예수 그리스도의 이름으로 기도드립니다. 아멘.

(2021. 7. 4. 마감 기도)